Alfons Schweiggert
Karl Valentin und die Frauen

Alfons Schweiggert

Karl Valentin und die Frauen

Ehrenwirth

Die Deutsche Bibliothek – CIP-Einheitsaufnahme

Schweiggert, Alfons:
Karl Valentin und die Frauen / Alfons Schweiggert. –
München : Ehrenwirth, 1997
ISBN 3-431-03519-1

Bildquellennachweis:
Erika Fischer (111), Gisela Freilinger (49, 145), Kurt Friedrich (128),
Interfoto (Umschlagrückseite), Lotte Jacobi (201), Anneliese Kühn
(11, 26, 32, 59, 150, 155, 161, 185), Juliana Ueblacker (135), Valentin-
Musäum (73), Reproduktionen: Gerd Pfeiffer

ISBN 3-431-03519-1
Umschlag: Atelier Kontraste, München
Satz: ew print & medien service, Würzburg
Druck: Freiburger Graphische Betriebe
Printed in Germany

Inhalt

5

Vorwort

Den ersten Kontakt, den Karl Valentin in seinem Leben zu einer Frau hatte, beschrieb er später einmal launig so: »Als ich die Hebamme sah, die mich empfing, war ich sprachlos – Ich hatte diese Frau in meinem ganzen Leben noch nicht gesehen.«

In vorliegendem Buch soll jedoch nicht von ihr die Rede sein, sondern von jenen anderen weiblichen Gestalten, die den Linksdenker ebenfalls mitunter sprachlos machten, wenn sie ihm auf seinem verschachtelten Lebensweg begegneten, ihn mehr oder weniger große Abschnitte seines Lebens begleiteten und infolgedessen auf die eine oder andere Weise sein Lebensschicksal in oft entscheidender Weise mit prägten.

Im Mittelpunkt des Interesses stehen zunächst die Mutter, seine Ehefrau und die beiden Bühnenpartnerinnen, allen voran Liesl Karlstadt und auch Anne-Marie Fischer. Daneben geben seine Töchter, zwei Enkelinnen und andere ältere und jüngere Damen bemerkenswerte Hinweise auf die nicht immer einfach zu deutenden Charakterzüge und Wesensmerkmale dieses genialen, vielseitigen Künstlers.

In diesem Buch werden alle jene Frauen vorgestellt, denen Valentin aufs engste verbunden war, die er liebte, von denen er schwärmte, deren psychische Kräfte er bisweilen aber auch überforderte, ebenso wie jene, zu denen er ein gespanntes Verhältnis hatte und die er mit seiner problematischen Persönlichkeitsstruktur in oft extremer Weise belastete. Es soll gezeigt werden, mit welchen Frauen Valentin leben konnte und mit welchen nicht. Zum Teil werden bisher nicht beachtete Zusammenhänge aufgedeckt, die neue, manchmal überraschende Einsichten und Erkenntnisse ermöglichen. Auch das Thema Sexualität und Valentins Einstellung zu partnerschaftlichen Problemen bleiben nicht ausgespart, wobei versucht wird, Besonderheiten in diesen Bereichen herauszustellen und ihre psychischen Hintergründe aufzuspüren und zu erklären.

Die Beziehung Valentins zu den Frauen gewährt interessante Einblicke in einen bislang zu wenig ausgeleuchteten Bereich seines Lebens und vermag manche schwer zu deutenden Besonderheiten seines Schaffens zu erhellen. In diesem Zusammenhang werden sattsam strapazierte Klischeevorstellungen wie jene, nach denen Valentin ein Frauen- und Kinderhasser, ja überhaupt ein Menschenverächter gewesen sei, hinterfragt und auf ihre Stichhaltigkeit überprüft.

1998 jährt sich Valentins Todestag zum 50. Mal. Grund genug, in diesem Gedenkjahr dem Mosaik der Persönlichkeitsstruktur, an dessen Vervollkommnung seit dem Tod des Komikers etliche Valentin-Forscher arbeiten, einen weiteren Stein hinzuzufügen, um diesen einzigartigen Künstler allen Interessierten in zunehmendem Maße verstehbar werden zu lassen.

Bei den Recherchen zu diesem Buch gaben folgende Personen zum Teil bislang unbekannte Informationen und wertvolle Hinweise: Anneliese Kühn, die Enkelin des Komikers, Erika Fischer, die Schwester von Valentins zweiter Partnerin Anne-Marie Fischer, Kurt Friedrich, der Sohn von Valentins Sekretärin Eva Friedrich, Kurt Wilhelm, der mit Valentin nach dem Krieg im Bayerischen Rundfunk arbeitete, Gudrun Köhl, die Leiterin des Karl-Valentin-Musäums, Monika Dimpfl, die Karlstadt-Biographin, Juliane Ueblacker, eine Schreibkraft Valentins, der Schriftsteller Werner Schlierf, dessen Vater als Beleuchter in Geiselgasteig viel mit Valentin zu tun hatte, die Planegger Bürger Engelbert Friedrich, Lore Hagemann, Herbert Funk und Rosa Rumpel, die Valentin noch aus eigenem Erleben kannten. Ihnen allen gebührt herzlicher Dank für ihre freundliche Bereitschaft, Auskunft zu geben.

Nicht zuletzt danken Autor und Verlag Frau Renate Reifferscheid, die die redaktionelle Bearbeitung des Manuskripts übernommen hat.

München, im Herbst 1997 *Alfons Schweiggert*

Die angeführten schriftlichen Zitate Valentins sind in ihrer Rechtschreibung und in ihrer sprachlichen Besonderheit in der Schreibweise belassen, wie sie sich insbesondere in den von H. Bachmaier und M. Faust herausgegebenen »Sämtlichen Werken in acht Bänden«, 1992–1997, dokumentiert findet.

Die Mutter

Maria Johanna Fey

»Muatta, schimpf mi net, i konn nix dafür!« Mit diesen Worten gelang es Valentin nach eigenem Bekunden mehr als einmal, seine Mutter zu besänftigen, wenn er etwas angestellt hatte, und das war nicht selten der Fall. Valentins Mutter war nämlich eine herzensgute Frau, »zierlich und wahrscheinlich ein bißchen willensschwach«, wie ihre Enkelin, Bertl Valentin, über sie urteilte. »Großmama war der Typ der braven Bürgersfrau mit Standesbewußtsein. Aber gutmütig und nicht ohne Humor.«

Valentins Mutter, Maria Johanna Schatte, wurde am 3. Januar 1845 in Zittau in Sachsen geboren. Mit 24 Jahren gab sie am 31. August 1869 dem Tapezierer Johann Valentin Fey das Jawort fürs Leben. Der gebürtige Darmstädter war 1866 durch seine erste Ehe mit Elisabeth Falk Mitinhaber der Münchner Speditionsfirma »Falk« geworden. Nach dem frühen Tod seiner erst 28jährigen Frau 1868 fand der 36jährige Witwer in Maria Johanna Schatte, der Köchin des Grafen von Schlieffen, eine neue Lebensgefährtin. Sie sollte Valentins Mutter werden.

Valentins Mutter, Maria Johanna Fey, geb. Schatte

Valentin hatte drei ältere Geschwister. Sie alle starben in jungen Jahren. Die 1870 geborene Schwester Elisabeth lebte nur wenige Monate. Den älteren Bruder Karl raffte im November 1882 im Alter von acht Jahren die Diphtherie hinweg, nachdem nur einen Monat zuvor der jüngere Bruder Max, sechsjährig, derselben Krankheit zum Opfer gefallen war. Der am 4. Juni 1882 geborene Valentin, ein Sonntagskind, war zu diesem Zeitpunkt erst ein Vierteljahr alt. Die seelische Verfassung der Eltern blieb zweifellos nicht ohne negative Auswirkungen auf seine Entwicklung. Die Mutter, ohnehin eine übersensible, ängstliche Frau, konnte den Verlust ihrer früh verstorbenen Kinder nur schwer verwinden, sie wollte sich damals sogar das Leben nehmen. Allein der Gedanke an den kleinen Valentin konnte sie davon abbringen. Auf ihn übertrug sie fortan ihre ganze Liebe in wehmütiger Erinnerung an ihre drei toten Kinder und verwöhnte das einzige ihr verbliebene Kind in besonderer Weise. Dies um so mehr, als der Einjährige um 1883 ebenfalls lebensbedrohlich an Diphtherie erkrankte und, obwohl vom Arzt bereits aufgegeben – »Das müssen wir einem Höheren überlassen!« –, überraschend genas. Es war das Kräuterweiberl, Frau Meier, das ihn dem Leben zurückgab, indem es ihm einen wundersamen Kräutersaft einflößte, der bereits tags darauf eine Wende bewirkte und zur Genesung des Kindes führte. Die aus all diesen Vorfällen erwachsene enge Bindung zur Mutter prägte Valentins gesamtes weiteres Leben in entscheidender Weise, auch wenn dies zunächst nicht unmittelbar zu erkennen war.
Bereits dem »zweijährigen Buberl« ließen die Eltern aller-

hand durchgehen, so, als es einmal »mit Hammer und Nägel auf die elterlichen Renaissancemöbel« losging. »Ich selbst übernahm das Kommando«, erzählte Valentin in seinen Jugenderinnerungen, »und schrie in bester Laune: ›Hammer poch, poch‹ und war mir persönlich beleidigt, wenn ich statt des Nagels meine Finger erwischte. Mit großem Gebrüll tat ich meinen Schmerz kund und forderte meine geschädigte Mutter noch heraus, mich zu trösten.« Als Vierjähriger, so Valentin, »schloff [schlüpfte] ich als kleiner Junge ... in das Stiefelrohr eines Rohrstiefels meines Vaters mit dem Kopf hinein, aus was für Gründen ist mir heute noch unbekannt, ich nehme an, es war jugendlicher Uebermut. Ich wäre darin vielleicht erstickt, wenn mich meine liebe Mutter, die alles für ihr Kind tut, nicht aus diesem eigenartigen Tunnel herausgezogen hätte.«

Im selben Alter besuchte Valentin 1886 den Kindergarten in der Au, Ecke Lilien-/Ohlmüllerstraße. Die Kindergärtnerin Fräulein Lammert hatte es mit dem eigenwilligen, nicht selten sogar eigensinnigen Buben sicher nicht leicht, wenn er etwa beim Musizieren einfach streikte. Womöglich verhinderte jedoch die enge Bindung zur Mutter zu massive Konflikte mit Fräulein Lammert, diesem zeitweiligen Mutterersatz.

1888 trat Valentin in die Schule an der Klenzestraße ein und hatte sich als erstes mit der Lehrerin Angela Ferg auseinanderzusetzen. Vom Umgang mit ihr sind zwar keine gravierenden Besonderheiten überliefert, wenngleich es der Lausbub, besonders in den höheren Klassen, mit Sicherheit nicht an entsprechenden Bubenstückchen fehlen ließ. Eines aber ist bekannt, daß Valentin schon bald nicht mehr gerne »in die gräusliche Schule« ging und diese jahrelange Pflicht als »Zuchthausstrafe« empfand. »Ich hätte jedes Schulhaus niederbrennen können!« wetterte Valentin in seinen Jugenderinnerungen. Nach Aussage von Valentins Enkelin Anneliese Kühn bekamen die Eltern von einem seiner Lehrer kurioserweise auch einmal die unmißverständliche Mahnung offeriert: »Passen S' bloß auf, Ihr Sohn ist dem Zuchthaus nahe.« Dieses Urteil wurde sicher durch Valentins boshafte Streiche provoziert, denn in seiner Freizeit tobte sich der junge Mann ungehemmt aus. Oft bekam er dann Mutters vorwurfsvollen, in sächsischem Dialekt ausgestoßenen Ausruf »Aber Fohlndin!« zu hören; doch »der rote Fey-Bazi«, als der er bald in der ganzen Gegend bekannt war, heckte immer neue Possen aus. Häufig mündete das mütterliche Lamento in dem Stoßseufzer: »Nee, ach Gottchen, nee, das war aber ooch e freches Schdiggch'n von dir, der Babba war richdch beese uff dich!« Um Ausreden war Valentin nie verlegen. »Aber die Mutter glaubte mir gar nichts mehr und auch das war mir wurst.«

Als Valentin einmal auf der Auer Dult eine Trompete sah und sie unbedingt haben wollte, verweigerte ihm die Mutter die drei dafür nötigen Markstücke. Da »öffnete ich«, bekannte Valentin, »die Tränenschleuse und erhoffte auf diesem Weg ihr Herz zu rühren; ›I woaß scho ... mög'n tuast mi nimma – sonst tätst ma's scho' kaffa – da Vata tat ma's sofort kaffa, wenn er da wär, weil mi der vui liaba mag als wia du.‹ Das war zuviel für ein liebend Mutterherz. Ich hatte es wieder einmal geschafft. Mutter gab

mir die drei Mark und ich bekam meine Trompete.« Dieses Gegeneinanderausspielen scheint Valentin mehr als einmal erfolgreich angewendet zu haben. »Und so hatte Papa eine schöne und ›zünftige‹ Kindheit!« teilte seine Tochter Bertl mit. »Nicht ganz so zünftig war das mitunter für Vater und Mutter Fey, wenn die Eltern von Valentins Freunden aus der Nachbarschaft angeschnauft kamen und wutschnaubend den ›rothaarat'n Fey-Bazi‹ verlangten und ihm seine Ohrwaschln ausreißen wollten. Oft nur sehr schwer verstand Großmutter die Auer Kraftausdrücke, die ihr in drastischer Mundart zu Gehör kamen. ›Nee, ach God, nee! Du Lausebengel!‹, jammerte sie, ›nu‹, griechste aber doch mal Hiebe!‹« Der Vater, ein humorvoller Gelegenheitstrinker, »der durchaus kein Feind des Alkohols war«, wie Valentin trocken konstatierte, hielt sich meist für solche Strafaktionen nicht für zuständig. Berichtete man ihm am Stammtisch von den neuesten Übeltaten seines Sprößlings, soll er nach Aussage seiner Urenkelin Anneliese Kühn meist dermaßen darüber gelacht haben, daß ihm »seine Goldstückl aus dem Westentaschl gehüpft sind«. War es aber einmal des Schlechten zuviel, »war es meine herzensgute Mutter, die mich Papa aus den Augen räumte«, versicherte Valentin.
Körperliche Züchtigungen von seiten der Eltern sind nicht bekannt. Meist blieb es bei Schimpfkanonaden, etwa als Valentin eines Tages seinem Vater die gewohnte Maß Bier nicht rechtzeitig holte, so daß sich der gezwungen sah, einen von Valentins Freunden um diese Gefälligkeit zu bitten. Als diesem auf dem Weg von der Wirtschaft der Fey-Bua begegnete, zeigte der nicht nur kein

schlechtes Gewissen, sondern nahm unverschämterweise auch noch einen kräftigen Schluck Bier aus dem väterlichen Maßkrug, wobei er seinem Kameraden einen schönen Gruß an den Papa auftrug. Nach seiner Heimkehr bekam er von dem darüber heftig erbosten Vater einiges zu hören: »Ja, da bist du ja, Mistbua ausgschamta! Den ganzen Nachmittag gehst net hoam, 's Bier muaß mir a anderer holen, und na laßt du mir an schöna Gruaß ausrichtn, daß du von meim Bier gsuffa hast!« Schläge setzte es dennoch keine. Im Gegenteil, als der Elfjährige wegen einer harmlosen Alberei einmal von seinem Lehrer in Anwesenheit des sich gekränkt fühlenden Religionslehrers halb lahm geprügelt worden war, hätte der Vater diesem Mann um ein Haar eine Abreibung verpaßt, wurde aber von der Mutter gerade noch davon abgehalten.

Ein Drohmittel scheint die Mutter allerdings gelegentlich eingesetzt zu haben, wenn gutes Zureden versagte, den sogenannten »Wuhwuh«, eine Gestalt, die dem »Schwarzen Mann« vergleichbar ist. Valentin hielt diesen Popanz für ein recht bedenkliches Erziehungsmittel. »Der Wuhwuh kommt!« notierte er später. »Diese gspassige Mahnung hat schon viele unglückliche Menschen geschaffen. An Furchtneurose leidet heute fast 50 % der ganzen Menschheit. Die Ursachen der mannigfachen Nervenleiden sind heute durch die Wissenschaft, besonders durch das Verdienst von Dr. Adler Wien (Individualpsychologie) in falscher Kindererziehung erkannt worden.« Valentin äußerte geradezu moderne pädagogische Ansichten, als er vorschlug: »Würde die Mutter zu ihrem unfolgsamen Kind sagen: ›Du das darfst du nicht tun, ich sage es sonst

16

dem Papa und dann bekommst du heute statt einer Tafel Schokolade nur ein Stück Brot‹, so wäre dies eine richtige Methode. Das Kind wird sofort darauf reagieren und artig sein, weil eben die Aussicht besteht durch Bravsein eine Belohnung zu bekommen und zweitens weil es vor die Tatsache gestellt wird, bei der es sich um Wahrheit handelt, denn Schokolade gibt es. Anders ist es, wenn die Mutter dem unartigen Kind droht: ›So, du warst jetzt ungezogen, jetzt hole ich den Wuhwuh!‹ und die Mutter geht aus dem Zimmer, stülpt einen Sack oder irgend eine Verhüllung über den Kopf (wie es leider meine Mutter zu oft gemacht hat) klopft mit den Fäusten an die Tür, murmelt geisterhafte Worte und erscheint als Gespenst im Zimmer.«

Aus dieser von ihm als negativ beurteilten Verhaltensweise schlußfolgerte Valentin: »Was geht nun in dem kleinen Gehirn des Kindes vor? Es steht in erster Linie vor einer Unwahrheit, vor etwas, was es gar nicht gibt. Und doch ist es für das Kind da, es bekommt Furcht und fängt an zu zittern, kurzum das ganze Nervensystem des Kindes ist ausser Rand und Band und in der Angst erfüllt das Kind nun die Wünsche der Mutter und ist brav geworden. Nun löst die Mutter das Rätsel, zeigt dem Kinde, indem sie den Sack vom Kopfe nimmt, dass sie der ›Wuhwuh‹ war und meint irrtümlicherweise nun ist alles wieder gut und vorbei. Aber dem ist nicht so, was ist eigentlich in der Seele des Kindes vorgegangen? Ein Sprichwort sagt: ›Der erste Eindruck ist der Beste‹, in diesem Falle aber müsste es heissen, ›Der erste Eindruck ist der Schrecklichste‹, denn dieser erste Eindruck hat der Seele des Kindes eine fast unheilbare Wunde für das ganze Leben verursacht. Für dieses Kind kommt im ganzen Leben immer der ›Wuhwuh‹, in Form der verschiedenartigsten Hemmungen und Komplexe.« Diese Feststellung bezog Valentin zweifellos auch auf die eigene Person und sein später sich entwickelndes neurotisches Verhalten.

Als Valentin in die Pubertät kam, trat in zunehmendem Maße seine Ähnlichkeit mit der Mutter hervor, die ihren »Einzigen« mit schmerzlicher Hingabe liebte und ihn vor jeglicher Beschädigung zu bewahren suchte. Sie hatte zahlreiche recht derbe Scherze seelisch zu verkraften, vom Sohn später verniedlichend »Jugendstreiche« genannt. Welcher Schock muß es für sie gewesen sein, als der Schreinerlehrbub einmal mit einer blutverschmierten Hand nach Hause gerannt kam: »Muatta! Schnell i bin in d'Kreissäg' neikemma!« brüllte er. »Meine Mutter«, so Valentin weiter, »wurde leichenblaß und war einer Ohnmacht nahe. Da spürte ich, daß ich zu weit gegangen war, ›Aprillaff!‹ schrie ich und lachte aus vollem Halse.« Dann zeigte der Lausbub der Mutter, daß er lediglich einen Schwamm in eine »braune Beiz« eingetaucht und diesen in der Hand ausgedrückt hatte, wodurch der Eindruck einer stark blutenden Verletzung entstanden war.

Ein anderes Mal provozierte ihn allerdings die Mutter, als sie ihm ein ihr nicht genehmes Stirnlöckchen in Form eines »Sechsers«, auf das ihr Sohn außerordentlich stolz war, nachts heimlich abschnitt. Daraufhin kürzte Valentin unverzüglich – ebenso heimlich, während sie schlief – den schönen langen Zopf seiner lieben Mama. Daneben auf das Nachttischchen legte er ihr einen Zettel, auf dem stand: »Liebe Mutter! Wie Du mir, so ich Dir.« Dennoch zog selbst diese ruchlose Tat keine nennenswerten Folgen nach sich. Auch weitere schlimme Bubenstückchen blieben ohne gravierende Sanktionen, was Valentin zu dem in den Jugenderinnerungen verbürgten Ausruf veranlaßte: »Mit solchen Eltern kann man schon was riskieren!« Das ging so weit, daß er gelegentlich sogar sein Leben leichtfertig aufs Spiel setzte, etwa beim Schlittschuhlaufen auf dünnem Eis, dem sogenannten »Schwankeis«, bei dem sein Schulkamerad Ade und er einbrachen. Während sein Freund ertrank, konnte sich Valentin aus dem eiskalten Wasser retten. Doch trug ihm diese Eskapade eine schlimme Erkältung ein, aus der sich, so jedenfalls Valentins Ansicht, im Laufe der Jahre ein chronisches Bronchialleiden entwickelte und nachfolgend sein Asthma, unter dem er ein Leben lang zu leiden hatte. Ein anderes Mal, notierte Valentin in seinen Erinnerungen, begab er sich »nach der Schule in Nachahmung der Seiltänzer auf der Auerdult zur Wittelsbacherbrücke, statt den langen Balancierstangen in jeder Hand einen Schulranzen und trotz Hochwasser ging es völlig schwindelfrei am Geländer bis zum anderen Ufer.« Den Leuten, die dieses unglaubliche Schauspiel beobachteten, habe der Atem gestockt, teilte seine Enkelin Anneliese Kühn mit.

Im Alter von 14 Jahren lernte Valentin den Münchner Gesangshumoristen Karl Maxstadt kennen. »Er begeisterte mich derart, daß für die Schreinerei nichts mehr übrigblieb. Ich wollte unbedingt in seine Fußstapfen treten. Bei Max Hieber kaufte ich mir Karl-Maxstadt-Couplets und übte fleißig. Mit neunzehn Jahren bin ich schon in Vereinen aufgetreten. Später besuchte ich noch eine Varieté-schule ... Ich wollte Varieté-Humorist werden wie Karl Maxstadt. Er war mein Vorbild!« Die Eltern waren von der Idee ihres Sohnes, statt ein ordentlicher Schreiner ein brotloser Künstler werden zu wollen, nicht gerade begeistert, aber Valentin setzte seinen Willen durch, bei diesen Eltern konnte er das schon »riskieren«.

Als der Vater 1902 überraschend starb, mußte Valentin am Abend »mit gebrochenem Herzen«, wie er versicherte, »auf der Bühne singen«. In der Folge sah er sich zunächst gezwungen, den väterlichen Betrieb zu übernehmen, was ihm überhaupt nicht lag. Das Geschäft trieb unaufhaltsam dem Ruin zu, und bereits 1906 blieb dem 24jährigen keine andere Wahl, als die Firma »Falk & Fey« mitsamt dem Anwesen zu verkaufen. Die nach Abzug aller Schulden verbliebenen 6000 Mark wollte er der Mutter überlassen, doch diese steckte ihm zur Unterstützung seiner ersten künstlerischen Gehversuche die Hälfte des Geldes zu und später sogar noch die Zinsen des ihr verbliebenen Restbetrages. Zwar lag es Valentin fern, die Mutter, die nach dem Tod ihres Mannes selbst in finanziellen Nöten war, um pekuniäre Unterstützung anzugehen. Da die gute Frau jedoch ihrem geliebten »Fohldin« aus eigenem Antrieb unter die Arme griff, mochte es ihr der Sohn nicht abschlagen, zumal er sich von der Geldzuwendung tatsächlich einen Aufschwung seiner Künstlerkarriere versprach.

Valentins Tochter Gisela berichtete dazu: »Ein Bekannter meines Vaters, der Singspieldirektor Karl Lindermeier, behauptet sogar, er habe 1907 Valentin an einem Selbstmordversuch gehindert; Valentin wollte sich aus Scham vor seiner Mutter das Leben nehmen.« Die ihm von der Mutter überlassenen 3000 Mark für ein Orchestrion, das er damals baute, hielt Valentin nämlich für vergeudet, als sich dieser monströse, aus zahlreichen Musikinstrumenten zusammengesetzte Apparat, auf dem sämtliche Instrumente gleichzeitig gespielt werden konnten, als großer Mißerfolg erwies. In einem Wutanfall zerstörte er diese Erfindung, was ihn in eine tiefe Depression stürzte.

Zu Beginn seiner Komikerlaufbahn zog es Valentin häufig zu seiner Mutter, die 1906 nach Zittau gezogen war, besonders dann, wenn er als Anfänger künstlerische Mißerfolge zu verarbeiten hatte. Der Mutter gelang es stets, ihn psychisch aufzubauen, so daß er seine Arbeit als Komiker fortsetzen konnte.

Als Valentin 1907 nach einigen auswärtigen Gastspielen nach München zurückgekehrt war, nahm seine Popularität ständig zu, so daß er schließlich ab 1908 auf der vom Publikum geschätzten Bühne des »Frankfurter Hofs« auftreten konnte. Da sich die Gage zunehmend erhöhte, war er bereits zwei Monate später in der Lage, seine 63jährige Mutter zu sich kommen zu lassen. Er bezog mit ihr eine Wohnung in der Ackermannstraße 1. Kurz darauf erfolgte der Umzug in die Kanalstraße 16 und 1913 in das Haus Nr. 8 in derselben Straße. Dort wohnte Valentin dann mehr als zwei Jahrzehnte. Aus dem Jahre 1913 ist der kurze Stummfilm »Karl Valentin privat und im Atelier« überliefert, in dem der junge Valentin mit seiner Mutter und dem Komiker Karl Flemisch zu sehen ist. In einer Szene am Anfang sitzt Valentin seiner Mutter gegenüber und scheint permanent albern-freche Bemerkungen zu machen, wodurch die Mutter des öfteren dazu provoziert wird, ihrem »alten Esel« lachend ein paar Backenstreiche zu verabreichen, die Valentin sich ebenso lachend gerne gefallen läßt.

Der Kontakt zur Mutter riß bis zu ihrem Tod nicht mehr ab. Ständig suchte er ihre Nähe, wie sie natürlich die ihres »Einzigen«. Auf der Bühne hat die Mutter ihren Sohn allerdings »nur ein einziges Mal gesehen«, erzählte Liesl Karlstadt in einem Interview. »Und was geschah? Sie weinte nach der Vorstellung und er hat gesagt: ›Ja, Mutter, hast du den Erfolg nicht gehört, wie die Leute geschrien und gelacht haben?‹ ›Nee‹, hat sie gesagt, ›nee, in meinem ganzen Leben möcht' ich da nicht mehr hingehen, wo du auftrittst. Die Leut', die lachen dich ja aus!‹ Sagt er: ›Ja, Mutter, das ist ja recht, wenns lachen, das wollen wir ja haben, das ist ja mein Erfolg.‹ ›Nein‹, hat sie gesagt, ›da hast mir so leid getan, wie du so erbärmlich da oben gestanden bist.‹« Seither nahm die Mutter Abstand von weiteren Besuchen der Vorstellungen ihres Sohnes. Sie hätte ihn auf der Bühne »viel lieber stramm und elegant gesehen«, teilte Valentins Tochter Bertl mit, »mit Zylinder à la Maxstadt, der sich auf seinen Plakaten gerne als Salonkomiker ankündigen ließ«.

Nur zu Hause, wo sie ihn nahezu täglich sah, – denn selbst als er verheiratet war, gehörte sie weiterhin zur Familie –, wirkte er auf die Mutter »normal«. »Großmutter trug nicht nur zur Gemütlichkeit, sie trug auch zur Heiterkeit bei«, versicherte ihre Enkelin Bertl Valentin. So hatte sie beispielsweise große Probleme mit dem Telefonieren. »Na, Valndin!« rief sie dann entnervt. »Ich bitt'ch um Himmelswillen, verschon mich mit dem Zeich! Ich bin zu alt, ich zittre an Händn und Fießn, wenns Delefon läut! Ich gäh nich mehr hin!«

Wie besorgt Valentin um die Mutter sein konnte, drückte er zweifellos auch in der Kurzszene »Die Mutter« aus, in der sich ein von der Arbeit heimkehrender Sohn um seine tief betrübte Mutter sorgt: »Ja, Muatter, du weinst ja! Ja was ist denn los? ... Sag mir, hat dich wer beleidigt? An dem vergreif i mi! Muatterl, geh, bist krank, soll i an Doktor holn? Schau mir in d'Augn, Muatterl! Wia i fortgangen bin, warst doch noch ganz guat beinand. Du hast an seelischen Schmerz. I kenn dir's an!« Schließlich, nach langem Insistieren gesteht die Mutter widerstrebend ein, daß ihr nicht mehr zu helfen sei, sie habe nämlich – den letzten Zahn verloren. Erleichtert meint daraufhin der Sohn: »Solche kindische Witz kannst dir mit einem Stiefkind erlaubn, aber net mit dem eigenen Sohn! Heuer wirst achtzig Jahr alt ... Jetz moan i, derfst bald aufhörn mit deiner verfluchten Eitelkeit!«

Valentins Mutter wurde zwar keine Achtzig, sie starb 78jährig am 29. Januar 1923. Dennoch traf der Tod der ersten und wohl wichtigsten Bezugsperson den bereits 41jährigen Valentin schwer. Zeit seines Lebens sollte er sich von den prägenden Erfahrungen mit ihr und von dem Einfluß der verwöhnenden Erziehung durch sie nicht mehr befreien können. In seiner Brieftasche trug Valentin später immer ein zwischen Glas gepreßtes Efeublatt vom Grab seiner Eltern bei sich, außerdem ein Foto seiner geliebten Mutter. Und »an Allerheiligen besuchte er stets das Grab seiner Eltern im Ostfriedhof«, wie seine Tochter Bertl, die ihn dabei begleiten durfte, am 19./20. September 1970 der Münchner *tz* anvertraute, »und dann ging's ins Gärtnertheater zum Rührstück ›Der Müller und sein Kind‹ ... Da hams auf der Galerie so viel g'weint, daß d'Leut im Parterre hätt'n Schifferl fahrn können.« Auch Valentin vergoß Tränen, die sicher zum großen Teil seiner verstorbenen Mutter gegolten haben.

Jugendlieben

Der Gigerl und seine Gschpusis

»›Da Fey-Bua kimmt!‹ schrien die Kinder – besonders die
Mäderln – und flüchteten panikartig in irgendeinen Schlupf-
winkel«, notierte Valentin in seinen Jugenderinnerungen.
»Mädchen mit langen Zöpfen waren leicht zu fassen. Hatte
ich eine am Schopf, so zog ich ihr die Peitsche über die
›Wadln‹.« Doch so grausam gegenüber der weiblichen Jugend verhielt sich Valentin nur in den Lausbubenjahren.
Später wandelte sich seine Gesinnung, »denn«, so seine
eigenartige Begründung, »erstens haben die Mädchen keine Zöpfe mehr, sondern Bubiköpfe, und zweitens keine
Wadln, sondern Stecken ...« Schon in jungen Jahren reizten
den Schulbuben also vornehmlich »dicke Wadln« und eben-
solche Madln. Im Hinblick auf eine andere »Büberei« fragte sich Valentin später reumütig: »Oder war es etwa eine
Heldentat, einem braven Mädchen, das vorsichtig mit einem
großen Milchtopf an unserem Hause vorbeiging und sorg-
fältig aufpaßte, daß es ja nichts verschütte, einen sogenannten Roßbolln [Pferdeapfel] in ihren Hafen zu werfen?«
Mehrfach richteten sich Valentins Jugendstreiche auch ge-

Karl Valentin als Sechzehnjähriger mit einer Unbekannten (Automatenfoto)

gen Frauen, so etwa beim »Weiber'zammbinden in der Christmette«, das Valentin als »uralten Auer Brauch ... aus dem sechzehnten Jahrhundert« bezeichnete. Mit einem langen Strick wurde »ein Haufen alter Weiber« unbemerkt eingekreist und heimlich zusammengebunden, so daß sie nicht mehr auseinanderkonnten. Die Gefangenen schimpften auf »de Saubazi« und wünschten ihnen »Fünfundzwanzig auf den Nackaten!«. Bei einem anderen Streich, dem sogenannten »Bockstessen«, kroch ein Lausbub lautlos hinter eine Person, die von einem weiteren Buben, der plötzlich vor sie trat, einen Stoß vor die Brust erhielt, so daß diese über den Bock nach rückwärts fiel und dabei oft recht gefährlich stürzte. »Das Bockstessen gefiel uns so gut«, bekannte Valentin, »daß wir mit der Zeit sogar alte Frauen, die zum Ratschen auf der Wiese standen, über den Bock warfen. Aber da mischte sich die Schulbehörde ein und aus war's mit der Hinterfotzigkeit.« Ein anderes Mal wickelten Valentin und seine Kumpane eine tote Ratte, »so groß wie eine junge Katze ... in feines Seidenpapier und legten sie vor dem Hause auf den Fußweg, als sei es ein Paket, das irgendjemand verloren hatte«. Ausgerechnet eine in der ganzen Au bekannte nervenleidende Frau entdeckte das Fundstück und erlitt nach der Enthüllung den Schock ihres Lebens.

Als Neunjähriger machte Valentin Bekanntschaft mit »der kleinen siebenjährigen Mary Irber, die mit ihrer noch kleineren Freundin Lily Mooshammer, einer jetzigen Gräfin Eulenberg, zweistimmig zu singen pflegte«, wie Valentin später erzählte, »und die von den Leuten, die durch den Tunnel gingen, oft ein paar Pfennige dafür bekam«. Schon im Alter von zehn Jahren zeigte sich die kesse Irber im Ballett des Deutschen Theaters, später wurde sie eine der attraktivsten Münchner Diseusen und als sogenannte »Barfußtänzerin« bekannt. Sie trat sogar neben Valentin und Liesl Karlstadt auf, etwa im Cherubin-Theater in der Maximilianstraße. Selbstbewußt behauptete sie, das Vorbild für Wedekinds »Lulu« gewesen zu sein. Die Zeitungen sprachen vom »1. deutschen Vamp des neuen Jahrhunderts«. Nachdem sie einmal als »›lebendes Bild‹ im fleischfarbenen Trikot« aufgetreten war, wurde sie von einer erbosten Sittenwächterin als »Sündenhülle« und als »Futteral der Geilheit« bezeichnet. Ob Valentin davon bereits in seiner Kindheit etwas bemerkte, ist nicht bekannt.

Der Komiker lernte also frühzeitig Mädchen kennen, aber erst als Heranwachsender wußte er an den Backfischen seiner Umgebung jene Qualitäten zu entdecken, die üblicherweise von Jugendlichen geschätzt werden. Schon während seiner Lehrzeit fühlte sich Valentin als »Gigerl«, was mit »geckenhafter Kavalier« nur unzureichend übersetzt ist. Zu einem Gigerl gehörten »weite Hosen, spitze Schuhe, kurzes Sakko, Knopfstiefel, hoher Stehkragen, dicker Stock, steifer Hut mit flacher Krempe, Zickzack-Frisur ... ist das vielleicht nichts! In dieser Kluft schlichen wir am Sonntag zur Tanzmusi zum Linksumadrahn und ›zum Francaise‹. Die Tänze, die wir hinlegten – liegen sicher noch heute dort«, so schilderte Valentin den Beginn seines Liebeslebens, das im Alter von 16 Jahren wahrnehmbar begann.

Damals hatte er eine gleichaltrige Freundin. Mit ihr absolvierte er sein erstes Schäferstündchen. Er verschlief es nach eigenem Bekunden buchstäblich in einem Möbelwagen, in den sich die beiden am Abend unvorsichtigerweise verkrochen hatten. Nachdem die Tür plötzlich verriegelt worden war, mußten sie die ganze Nacht in diesem unfreiwilligen Gefängnis verbringen. Am anderen Morgen fuhr der Wagen mit der süßen Last seine Tour. Am Ziel angelangt, hielt er, und erst nach dem Öffnen der Tür war das Liebespärchen nach einiger Zeit der Orientierung in der Lage, etwas ernüchert in den grauen Alltag und nach Hause zurückzufinden.

Anschließend legte sich Valentin ein Gschpusi zu, das sich über jede seiner Dummheiten köstlich amüsieren konnte. »Sie lachte sich halb kaputt«, mokierte sich Valentin, selbst wenn der Spaß auf ihre Kosten ging. »Sie lachte sogar in Situationen, wo andere geweint oder mir eine serviert hätten. So hatte ich ihr einmal ihren Strohhut unsanft auf einen Kleiderhaken gestülpt, daß dieser – der Kleiderhaken – den Hut durchbohrte. Der Hut war ruiniert. Ihre Laune nicht. Sie lachte sich halb kaputt. Ich heiratete sie trotzdem nicht. Kurz darauf ging sie mit einem Kapellmeister durch – in die Schweiz. Ob sie dort wohl weiterlachte?«

Auch dem pubertären Voyeurismus huldigte Valentin gemeinsam mit seinen Lehrlingskollegen, und zwar unter dem eisernen Kellergitter der Werkstatt des Schreinermeisters Hallhuber. Unter diesem Gitter, über das auch immer wieder »das weibliche Geschlecht ... passierte, ... wollte jeder von uns in den Himmel sehen«, gestand Valentin genüßlich.

All diese Szenen, die sich um 1898 abspielten, dürfen für die damalige Zeit als ziemlich freizügig betrachtet werden, da um die Jahrhundertwende ein Sexualleben der Jugend ignoriert und aus dem Bewußtsein ausgeklammert wurde. »In diesem Wahn«, schrieb der 1881 geborene Schriftsteller Stefan Zweig, »durch Ignorieren zu temperieren, vereinten sich alle Instanzen zu einem gemeinsamen Boykott durch hermetisches Schweigen. Schule und kirchliche Seelsorge, Salon und Justiz, Zeitung und Buch, Mode und Sitte vermieden prinzipiell jede Erwähnung des Problems, und schmählicherweise schloß sich sogar die Wissenschaft, deren eigentliche Aufgabe es doch sein sollte, an alle Probleme gleich unbefangen heranzutreten, diesem ›naturalis sunt turpia‹ an. Auch sie kapitulierte unter dem Vorwand, es sei unter der Würde der Wissenschaft, solche skabröse Themen zu behandeln. Wo immer man in den Büchern jener Zeit nachblätterte, in den philosophischen, juristischen und sogar in den medizinischen, wird man übereinstimmend finden, daß jeder Erörterung ängstlich aus dem Weg gegangen wird.«

Diese Prüderie wird wohl auch der Grund dafür gewesen sein, daß Valentin 1893, in der fünften Volksschulklasse, harte Schläge bezog, nachdem er im Religionsunterricht die Zeilen vorgelesen hatte: »... und als Maria den Gruß hörte, hüpfte das Kind in ihrem Leibe.« Sofort begannen die Klassenkameraden zu kichern, so daß auch Valentin losprusten mußte. Hierauf wurde er vom Lehrer im Beisein des empörten Religionslehrers kurzerhand halb lahm geprügelt, was den Vater beinahe dazu bewogen hätte, Selbstjustiz an dem »Prügelgogen« zu üben.

Das offizielle Geschlechtsleben begann zur damaligen Zeit erst in der Hochzeitsnacht und blieb auch hier hinter den Schlafzimmertüren verborgen. Eine Ausnahme machten allenfalls die unteren Stände, die keine solche Zurückhaltung gegenüber diesem angeblich so heiklen Thema übten. Besonders beliebt war es, sich mit einer Dienstmagd, einem sogenannten »Kocherl«, einzulassen, zumal man dabei nicht einmal eine Ansteckung mit der damals weitverbreiteten Syphilis riskierte, die man sich vor allem beim Besuch von Bordellen zuziehen konnte. War ein Kind die Folge, hatte man allerdings etliche Jahre für den ledigen Nachwuchs Alimente zu zahlen, in Bayern deftig »Hosentürlsteuer« genannt. In München kam es diesbezüglich nicht selten vor, daß so ein Herzensbrecher die ledige Mutter auch heiratete. Manche Kellnerin und manches Hausmädchen brachten es auf diese Art bisweilen zur respektablen Gattin eines höheren Beamten oder gar eines Professors. Ein lediges Kind stellte für den praktisch veranlagten Altbayern selbst zur damaligen Zeit kaum ein nicht zu bewältigendes Problem dar, hatte man doch mit diesem sogenannten »Probierl« den Beweis, daß die Zukünftige fähig war, Kinder zu bekommen.

Valentin lebte in der Au, jenem Münchner Vorstadtviertel, das die Heimat einer sozialen Mittel- und Unterschicht war. Hier war es für Jugendliche beiderlei Geschlechts nicht unüblich, frühzeitig intime Beziehungen aufzunehmen, und folglich war die Geburt unehelicher Kinder überdurchschnittlich häufig zu beobachten. Nachdem Valentin ab dem 16. Lebensjahr wechselnde Kontakte zu jungen Mädchen hatte, trat in das Leben des 17jährigen jene Frau, die er – allerdings erst zwölf Jahre später – auch heiraten sollte, die Köchin Gisela Royes.

Valentins Ehefrau Gisela Royes im Alter von etwa 25 Jahren

Die Ehefrau

Gisela Royes

»Mei – is de sauber«, soll Valentin zu seiner Mutter gesagt
haben, als ihm seine Zukünftige zum erstenmal unter die
Augen kam. Gisela Royes – »Giséla mit dem Ton auf der
zweiten Silbe bitte!« wie sie später einmal bei einem Interview forderte – war ein Jahr älter als Karl Valentin. Sie
wurde am 22. Januar 1881 in Aufhausen bei Regensburg
geboren. »Ihre Kindheit war glücklich«, vermerkte Tochter Bertl, »allerdings nur bis zu ihrem zwölften Lebensjahr, als die Mutter starb. Zurück blieben eine jüngere
Schwester und ein kleines Brüderl, das meine Mutter heiß
und innig liebte. Aber auch das wurde nur elf Jahre alt.
Mamas Schwester war drei Jahre jünger. Der Vater verhei-
ratete sich wieder, aber das Verhältnis zur zweiten Frau
blieb sehr kühl. Gisela, die Älteste, zog es vor, mit fünf-
zehn Jahren von zu Hause wegzugehen. Der Vater,
Johann Royes, ein vielbeschäftigter Schlossermeister, arbeitete von früh bis spät in seiner Werkstatt und vergaß
darüber, ob die Stiefmutter nicht nur ›Stief‹, sondern
auch eine Mutter war. Als Gisela fortging, sagte der Vater

zu ihr: ›Gisela, du hast zwei gesunde Arme, du kannst arbeiten, bleib' auch in der Fremde ehrlich und anständig!‹«

Der 18jährigen Gisela Royes blieb keine andere Wahl, als sich eine Stellung als Dienstmädchen zu suchen. An die Aufnahme einer Lehre oder gar an den Besuch einer weiterbildenden Schule war nicht zu denken. 1899 ging sie nach München und trat als Köchin in den Dienst der Familie Fey. Dort lernte sie den 17jährigen Valentin kennen, den sie zunächst für »zu fesch in Kleidung und Manieren« hielt, wie Bertl Valentin äußerte. Das burschikose, saloppe Wesen des jungen Mannes irritierte das schüchterne Kind vom Lande ebenso wie sein sommersprossiges Gesicht und seine rötlichen Haare. Dennoch konnte sie dem Auer Charme letztlich nicht lange widerstehen. Bald kam es zu einer engeren Beziehung. »Dem Valentin wiederum verschlug es die Rede, als er ›das saubere Madl‹ mit den funkelnden Augen und roten Wangen zum erstenmal erblickte. ›Muatta, de b'halt'n ma! De geb'n ma nimma her!‹« Und in der Tat hielt sich Valentin bis zum Ende seines Lebens an diesen Vorsatz.

Während Gisela in treuer Liebe zu Valentin allein entbrannte, warf der »Gigerl« gerne Seitenblicke auf andere fesche Maderln, so beispielsweise auf eine gewisse Wally, ein hübsches Mädchen von 18 Jahren. Gisela kam ihrem Valentin schnell auf die Schliche, und dies sollte nicht das einzige Mal bleiben. Als seine beständige Liebe setzte sie sich dennoch durch. Ihretwegen ließ sich Valentin sogar zur Eifersucht hinreißen. So schnitt er einmal, als sein Freund Franz die Braut neckisch an den Fingern ihres

Handschuhs zu sich heranzog, die derart mißbrauchten Fingerlinge kurzerhand ab.

Auch ein »Erinnerung an die Erste Liebe« betiteltes Gedicht des Zwanzigjährigen auf einem mit Vergißmeinnicht umrankten Briefbogen war an seine Gisela gerichtet und zeugt noch heute von Valentins inniger Zuneigung. Etliche Stellen weisen jedoch deutlich darauf hin, daß dieses Poem einen Abschiedsgruß darstellte. Es ist nicht ausgeschlossen, daß Valentins amouröse Eskapaden seine Freundin dazu veranlaßt hatten, ihm den Laufpaß zu geben. Diese Entscheidung dürfte sie allerdings nach der Lektüre der folgenden schmachtenden Zeilen rasch rückgängig gemacht haben.

Hier! Du mein liebend Herzilein,
Nimm mein Bild, bewahr es auf!
Denn die Stunden sind gezählet,
Wo unsere Lieb' muß hören auf!
Doch zwei gute, edle Freunde
Bleiben wir, wenn Du es willst.
Wenn Dich auch mit wahrem Kosen
Andres Liebesherz umhüllt.
Wenn Du Deine Blicke so
Auf die Vergangenheiten lenkst,
Glaub ich, daß in schwersten Zeiten
Du auch meiner noch gedenkst!
Denn die erste Liebe wird doch
Sprichwörtlich ist's ja bekannt,
Als die beste ja gezeichnet,
Als die glücklichste genannt!

Wenn wir traumverloren saßen,
So auf laubumschlungner Bank
Und an Deine süßen Lippen
Ich den Weg zur Liebe fand!
Und du sahst mir in die Augen,
Sprachst dabei: ›Ich liebe Dich!‹
O dieses Wörtlein bleibt bewahret
In meinem Herzen ewiglich.
Und sollten wir mal scheiden müssen
Und brechen unsere Liebelei,
So ist mein größtes Glück auf Erden
Und meine Lebenslust vorbei.

Gedichtet und Dir gewidmet von
Deinem Dich liebenden Valentin

(Ich heiße von jetzt an und für immer
KARL VALENTIN – Münchner Original Humorist)
München, den 5. August 1902

Sechs Jahre schon währte die Beziehung mit Gisela Royes, als 1905 Tochter Gisela geboren wurde. Fünf Jahre später kam die zweite Tochter, Berta, zur Welt. Erst im Jahr danach, am 31. Juli 1911, besiegelten die Eltern schließlich den Bund fürs Leben. Am Vormittag um zehn Uhr gaben sie sich in der St.-Anna-Kirche im Lehel das Jawort. In demselben Jahr wurde Liesl Karlstadt – sie war fast zwölf Jahre jünger als Gisela Royes – Valentins Bühnenpartnerin. Bald munkelte man, daß Valentins künstlerische »bessere Hälfte« auch seine Neben- oder gar Ehefrau sei; denn von nun an sah man den Komiker hauptsächlich in ihrer Gesellschaft. Gisela Royes hingegen stand mehr und mehr im Schatten ihres stets berühmter werdenden Mannes. Ihr Leben war das der Hausfrau, die nur insofern seine künstlerische Arbeit begleiten durfte, als sie ihm Kostüme für seine Auftritte nähen mußte, da sie »großartig mit Nadel, Schere und Nähmaschine umzugehen verstand« außerdem war sie »eine ausgezeichnete Köchin«, wie Tochter Bertl versicherte. Nahezu die gesamte Bühnengarderobe Valentins entstand nach seinen Ideen unter den geschickten Händen seiner Frau, und nicht selten saß sie in der Nacht noch nähend da, wenn er von seinen Auftritten heimkam. Zu seinen Vorstellungen hatte sie jedoch ebensowenig Zugang wie zu den daran sich anschließenden Treffen am Stammtisch. Gleichwohl las er ihr gerne seine Couplets vor, wobei er sie einleitend meist fragte: »Hast a bissl Zeit, i hätt' dir wieder was zum Vorlesen.« Nur einmal hatte Valentins Frau nachweislich an seiner künstlerischen Arbeit Anteil, als sie etwa 1913 zusammen mit Tochter Bertl in dem Film »Der Einbrecher«, von dem nur einige Szenen erhalten sind, in einem kurzen Auftritt mitwirkte.

»Daß er mit der Fräulein Karlstadt besser harmonisiert hat, das ist ja ganz klar«, urteilte auch Tochter Gisela. »Aber meine Mutter hat er halt gebraucht, die war eine gute Hausfrau.« Dem *Münchner Merkur* vom 21./22. Januar 1956 vertraute Valentins Frau anläßlich ihres 75. Geburtstags folgendes an: »Die meisten Leut' haben immer gemeint, die Liesl Karlstadt wär' seine Frau! Aber wenn ich gemeint hab, zurücktreten zu sollen, dann hat er mir im-

mer wieder versichert: ›Ohne dich kann ich nicht leben!‹
... Bei uns war es, wenn dem Vater nichts gefehlt hat, immer lustig, er war der gutmütigste Mensch und immer zu Witzen aufgelegt.«

Da Valentin wegen seiner abendlichen Auftritte spät schlafen zu gehen pflegte, ruhte er bis in den Vormittag hinein und ließ sich dann das Frühstück ans Bett bringen. »Mama hatte hierfür einen eigenen Servierwagen«, berichtete Tochter Gisela, »den sie ihm ans Bett fuhr. Besonders liebte er zum Frühstück frische Butter; es kam vor, daß er ein Viertelpfund für sich allein verbrauchte.« Valentins Enkelin Anneliese hat an eine derartige Bedienung allerdings keine Erinnerung mehr, denn sie erlebte, daß Valentin zum Frühstück meist in die Wohnstube kam.

»Die einzig Normale in der Familie bin doch ich«, stellte Valentins Frau einmal fest. Und tatsächlich war sie es, die ihren Mann aus der versponnenen Welt seiner Phantasie und seines künstlerischen Schaffens immer wieder in die Realität des Alltags zurückholte. Gerade diese Gegensätzlichkeit bildete zweifellos den Kern dieser Verbindung.

Seinen Privatsekretär Adalbert Lobinger, der gerade einen Text in die Maschine tippte, bat der Komiker einmal: »Geh' möcht'ns net so guat sei und in d'Küch nausgeh und dera Frau sagn, de wo bei mir wohnt [Valentin meinte seine Ehefrau], sie möcht mir a Limonad reibringa.« Dies zeigt zum einen Valentins allmählich sich manifestierendes Verhältnis zu seiner Gattin, das sich in etwa als »rauh aber herzlich« umschreiben läßt, zum anderen aber seine stete Befindlichkeit in zwei Welten, in der der Kunst und in jener des Alltags. »... 's oanzig Schöne an ihr san ihre Augn«, lautete nach Aussage der Enkelin Anneliese eine nicht gerade schmeichelhafte Äußerung des Komikers. Als Valentin mit seiner Frau einmal in der Trambahn fuhr«, so berichtete die Enkelin weiter, »fragte er sie plötzlich lautstark: ›Sie, sagen S' mal, habn Sie jetzt die Wanzen, die auf Ihrer Tapeten rumkrabbelt san, mitm Nudlwalker scho alle kaputt gwalzt?‹ Seine Frau versank vor Scham fast im Boden. Als die Fahrgäste, die zunächst stutzten, den Komiker erkannten, meinten sie lachend: ›Ach so, da Valentin!‹«

»Als eine glückliche Ehe kann man die nicht bezeichnen«, urteilte später Tochter Gisela über die Beziehung ihrer Eltern. »Ich hab immer das Gefühl gehabt, daß, wenn meine Schwester nicht mehr gekommen wär, daß mein Vater meine Mutter nicht mehr geheiratet hätte. Aber natürlich ist die auch noch dahergerutscht, jetzt hat er nicht mehr gut ›nein‹ sagen können.« »Fast täglich ergab sich bei uns folgender Dialog«, berichtete die Tochter Berta. »›Frau!‹ fragte Papa, ›is d'Zeitung scho da?‹ [Valentin pflegte seine Frau immer mit »Frau« anzusprechen.] – ›Ich kanns auch net herzaubern!‹ – ›Ich hab ja nicht gsagt, du sollst sie herzaubern! I hab ja nur gfragt, obs scho da is!‹ – ›Mußt halt warten, bis s' kommt!‹ – Ja, Frau, das weiß ich selber!‹ – ›Froh bin i, wennst heut fort bist!‹ – Er war beleidigt: ›I geh ja schon! Adieu!‹ Er nahm Mantel, Hut und Stock und ging, kam aber prompt wieder zurück: ›Moanst, i brauch an Schirm, Frau?‹ Es ging natürlich nicht um den Schirm, er wollte damit nur sagen: ›San ma wieder guat?‹ Mamas Gesichtsausdruck verriet in diesem Augenblick, daß sie ihm nie, aber auch gar nie, ernstlich böse sein

konnte. ›Nimmst halt ein' mit – an Schirm, Papa. Und gib
Obacht! Mach an Mantel oben zua, daß dich net erkältst!‹
Als der Vater gegangen war, sagte Mama zu mir: ›Ach ja!
Ich möcht mein' Weg nimmer zurückgehn –‹ Und in einem plötzlichen Stimmungswechsel: ›Aber jung, wenn
ich nochmals wär', i tat nur wieder an Papa heiraten.‹«
Ihre Bewunderung für Valentins künstlerische Arbeit hielt
sich meist recht in Grenzen. Spielte Valentin beispielsweise daheim auf seiner Zither, klapperte sie mitunter »bei einer besonders gefühlsbetonten Stelle mit dem Geschirr
oder unterbrach ihn gar mit den Worten: ›Da, Papa, iß
dei Suppn, solang s' warm is‹«, worauf Valentin beleidigt
reagierte: »Ja, ja, da Roider Jackl [im Rundfunk oft zu
hörender volkstümlicher Sänger] wenn seine Gstanzl
singt, da bist stad, mäuserlstad – aber bei mir – na ja –.«
Valentins Frau war eifersüchtig und hatte wohl auch des
öfteren Grund dazu. »Unter Tränen paukte sie ihrem geliebten Ehemann Moral«, wußte Tochter Bertl zu berichten. »Papa suchte sich zu verteidigen. Er erfand eine Ge-
genklage: ›Sei nur stad ...‹, wehrte er unsicher ab, ›... du
hast auch schon einmal an andern g'habt!‹ Aber da reagierte Mama schnell. Sie packte einen Schürhaken, der gerade griffbereit am Küchenherd lag. Mit dieser gefährli-
chen Waffe in der Hand fragte sie drohend den Verleum-
der ihrer Ehre: ›Was hab i g'habt?‹ Der Korridor in der
Wohnung war lang, Papas Beine aber schnell. Er erreich-
te unversehrt sein Zimmer, schloß sich ein, und der Feind
stand vor der verriegelten Tür. Aber dieser Feind tobte
nicht mehr – er lachte.« Vermutlich war dies auch ein Lachen der Verzweiflung, wußte Valentins Frau doch, daß

ihr Mann nicht zu ändern sei, und sie begehrte nicht ernstlich gegen diese Tatsache auf, sondern arrangierte sich damit, so gut sie eben konnte.

Es verwundert daher nicht, daß ihre Beziehung zu Liesl Karlstadt »ziemlich frostig« war, wie Theo Riegler urteilte. »Die beiden Frauen kannten sich nur flüchtig, und wenn sich ein Zusammentreffen – wie etwa bei der Abreise auf dem Bahnhof – nicht vermeiden ließ, begegneten sie sich mit kühler Reserve.« Nicht zuletzt aus diesem Grund zog es Valentins Frau vor, ihn auf Tourneen, etwa nach Berlin, nicht mehr zu begleiten, nachdem sie 1924 mit Tochter Bertl einen Versuch unternommen hatte.

Gisela Royes legte bei entsprechendem Anlaß durchaus auch Widerspruch ein. Wollte Valentin beispielsweise, wie das häufiger der Fall war, sein Planegger Haus verkaufen, verweigerte seine Frau, der er es überschrieben hatte, ihre Einwilligung. »So! Nur zum Zahlen, da war ich schon recht – zum Verdienen! Wer hat denn das Haus gekauft? Du oder ich?« Darauf antwortete seine Frau: »Du! Aber gehörn tuats mir! Ätsch!« Das Bild, das die ältere Tochter in ihren Erinnerungen von der Mutter zeichnete, stellt diese keineswegs nur »als stille, alles verzeihende Dulderin« dar. Das belegt eine Episode, wonach Gisela Royes ihren Mann, der sich ihr wegen angeblich »beruflicher Verpflichtungen« entzogen hatte, mit Liesl Karlstadt Arm in Arm am Sendlinger-Tor-Platz flanieren sah. Entrüstet sei sie auf die beiden losgestürzt und habe sie mit Schimpfworten und mit dem Regenschirm attackiert. Valentin habe sich daraufhin blitzschnell aus dem Staub gemacht, um kein öffentliches Aufsehen zu erregen. Eine andere Version – wohl eher eine fragwürdige Anekdote – berichtet, daß das Handgemenge der beiden Frauen rasch zahlreiche Zuschauer angelockt habe, worauf Valentin die Gaffer mit dem Ausruf zurückdrängte: »Weg! Zurücktreten! Filmaufnahme!« Ein hinzukommender Schutzmann habe Valentin schließlich wegen groben Unfugs zur Zahlung einer Strafgebühr verdonnert. Nach Aussage der Tochter Gisela hat die Mutter auf diesen Vorfall hin für einige Monate »Eheurlaub« genommen, das heißt sich »für ein knappes Jahr wieder in Dienstverhältnisse als Köchin und Haushälterin« begeben. Erst danach sei sie wieder zu ihrem Mann zurückgekehrt. Wer in dieser Zeit Valentin und seine Tochter Bertl versorgte, darüber liegen keine Angaben vor.

Diese Mitteilung ist ebenso mit Vorbehalt zu werten wie folgender Hinweis in den Aufzeichnungen von Gisela Freilinger. Einmal soll »Valentin seiner Gattin eine Ohrfeige« verpaßt haben, weil sie sich weigerte, für Liesl Karlstadt Theaterkostüme zu nähen. Doch die Tätlichkeit ihres Mannes konnte sie nicht dazu bewegen, seinen Anordnungen Folge zu leisten. Trotz aller Konflikte habe die Mutter nie »eine Äußerung in Richtung Scheidung getan. Das kam für sie als gläubige Katholikin nicht in Frage.« Andererseits habe ihr Vater »vor seiner Gattin großen Respekt und auch ein wenig Angst« gehabt. Theo Riegler ist diesbezüglich etwas anderer Ansicht: »Da sie [Valentins Frau] überzeugt war, daß sich ihr Mann – schon aus beruflichen und moralischen Gründen – von Liesl Karlstadt niemals trennen würde, bot sie ihm aus eigenem Antrieb die Scheidung an, aber Valentin versicherte ihr immer wieder mit dem aufrichtigsten Gefühl: ›Ohne dich kann ich nicht leben!‹«

»Da muß ich noch lachen«, erinnerte sich Tochter Gisela ein anderes Mal, »wie mein Vater mal gesagt hat – da bin ich schon älter gewesen, vielleicht so siebzehn, achtzehn Jahr – da hat er gesagt: ›Ja, was tätest du jetzt in dem Fall, wenn du meine Frau wärest, mit der Karlstadt?‹ Ja, sag ich, da wär' ich gleich fertig, da würd' ich dich zur Eifersucht bringen. ›Siehst du‹, sagt er, ›du wärst schlauer als die. Meine Frau‹, sagt er, ›nicht.‹ Ja, sag ich, die ist eben dir treu ergeben, das muß man ja auch respektieren.« Überdies scheint sich Valentin immer wieder in Haushaltsangelegenheiten eingemischt zu haben. Als seine Frau einmal die Wiese im Garten mähte, grantelte er: »Was mähst denn da rum? Im Urwald mäht ja auch keiner. Wachst da vielleicht nix?«

Kurz nach dem Krieg, es war im Jahr 1947, »erkrankte meine Mama an Brustkrebs«, berichtete Gisela, »und mußte im Nymphenburger Krankenhaus operiert werden«. Dieses Leiden machte ihr bis zum Lebensende zu schaffen. Metastasen führten vermutlich später zu einem Kehlkopfkrebs. Valentin war von der schweren Erkrankung seiner Frau äußerst betroffen. Deprimiert klagte er gegenüber seiner Enkelin Anneliese des öfteren: »Wenn s' nur wieder da wär'. Mir habn uns ja nicht immer so ganz verstanden. Aber jetzt – wenn s' nur wieder dahoam wär und mi schimpfa tät'!«

»Gisela Fey«, urteilt der Biograph Michael Schulte, »muß ein Wunder an Langmut gewesen sein, denn mit einem derart eigenwilligen Egozentriker 40 Jahre unter einem

Dach zu hausen war eine Bürde, die in der neueren Literaturgeschichte wohl nur noch die Gemahlin von James Joyce zu tragen imstande war.« Valentin gesteht in seinen Jugenderinnerungen selbst ein, daß seine Frau »weiß Gott nichts mit mir zu lachen gehabt hat«, ... »aber ich auch nicht mit ihr«, soll er später hinzugefügt haben.

Von dem Tod ihres Mannes im Jahre 1948 wurde die 67jährige völlig überrascht. Nach seinem letzten Auftritt am Freitag, dem 6. Februar 1948, im »Bunten Würfel« war Valentin aus Versehen, wie es heißt, in der unbeheizten Garderobe des Theaters eingeschlossen worden. Nur notdürftig mit dem steifen Bühnenrasen bedeckt, verbrachte er eine schlaflose Nacht. Am nächsten Morgen, nachdem er aus seiner mißlichen Lage befreit worden war, fuhr er mit dem ersten Zug nach Planegg. Als er daheim ankam, war seine Frau vom Anblick, der sich ihr bot, entsetzt. Todernst, apathisch, mit eingefallenem reglosem Gesicht, kaum wiederzuerkennen, wie ein buchstäblich ausgelöschter Mensch schlich er wortlos in sein Zimmer und legte sich ins Bett. Seine Frau, die sich besorgt nach dem Vorgefallenen erkundigen wollte, erhielt keine Antwort. Erst nach zwei Tagen – Valentin litt bereits an einer schweren Lungenentzündung, die ihm den Tod bringen sollte – hatte er sich psychisch wieder soweit erholt, daß er ein paar karge Erklärungen abzugeben vermochte. Für Valentin war diese Nacht in der kalten Garderobe ein Symbol für sein gegenwärtiges Leben. Er fühlte, daß er endgültig abgeschrieben war, daß man ihn, den einst gefeierten Komiker, völlig vergessen hatte, daß nicht nur niemand mehr nach seinem Humor verlangte, sondern daß man seine Komik sogar verächtlich ablehnte, daß er jetzt also buchstäblich »kalt gestellt« war. Diese Erkenntnis ging über seine Kräfte. Er war am Ende.

Der Münchner Schriftsteller Sigi Sommer schilderte die letzte Stunde des Komikers etwas idyllischer, wie sie sich aber nur in verklärender Erinnerung hätte abspielen können: »Am Abschiedstag sagte Valentin wie alltäglich zu seiner Frau: ›Host ois gricht, is's Gas abdraht und d'Haustür zugschperrt, Oide? Na kenn ma geh!‹ Und als der Hollerstrauch vor seinem Schlafzimmerfenster immer dunkler wurde, schloß er sein Lebensbuch ...« Mittellos blieb seine Frau, die ihrem Valentin in der Tat immer »alles gerichtet« hatte, zurück und geriet finanziell in Not. Sie lebte von den nicht besonders reichlich fließenden Tantiemen aus Büchern und Rundfunksendungen. Zwar war sie als Ehefrau die Erbin von Valentins Nachlaß, der aber zur damaligen Zeit noch nicht auf großes Interesse von Sammlern stieß und sich daher auch nur schwer zu Geld machen ließ.

Als sich Frau Valentin bereits fünf Jahre später gezwungen sah, »den gegenständlichen Valentin-Nachlaß«, wie der Anwalt der Familie, Gunter Fette, protokollierte, »also insbesondere seine Sammlungen, Requisiten, Plakate, Fotos, Kritiken und auch die Manuskripte seiner Werke ... zu verkaufen«, bot ihr schließlich der Kölner Theaterwissenschaftler Carl Niessen 7000 Mark für das gesamte Paket, »nachdem die Stadt München, der der Nachlaß zuerst [für 10 000 Mark] angeboten worden war, den Erwerb mangels finanzieller Mittel (wohl eher mangels jeglichen Verständnisses) abgelehnt hatte.« »Lediglich die Kitschpostkarten-Sammlung meines Opas, die ich als Kind so sehr geliebt habe, erstand die Stadt für 70 Mark«, erinnerte sich Valentins Enkelin Anneliese. »Zum Ankauf der übrigen Hinterlassenschaft konnten sich 1949/50 weder der Münchener Professor Held noch der Bürgermeister der Landeshauptstadt, Dr. von Miller, durchringen.« So ging der gesamte Fundus an Carl Niessen nach Köln. Er konnte später seine reichhaltige Theatersammlung, darunter auch Valentins Nachlaß, für 350 000 Mark verkaufen. Der Erlös von 7000 Mark brachte Frau Valentin lediglich eine schmale monatliche Rente von 200 Mark für drei Jahre, die 1956 auslief. »Trotzdem, es geht ihr gut«, schrieb am 21./22. Januar 1956 der *Münchner Merkur*, »denn Tochter Bertl umhegt sie und pflegt sie mit rührender Hingabe und Kindesliebe. Und es geht ihr schlecht; vielleicht noch weniger wegen der Krankheit, aber der Valentin fehlt halt der Frau Valentin. Die Tränen kommen schnell, vorab an einem 75. Geburtstag, wenn man immer daran denken muß, wie es einmal war.«

Karl Valentins Frau überlebte ihren Mann um achteinhalb Jahre. Sie starb am 13. November 1956 an Kehlkopfkrebs und wurde im Planegger Familiengrab beigesetzt. Das verbliebene Erbe, so vor allem die Rechte an Valentins Werk, ging an die Tochter Berta Böheim-Valentin, die es bis zu ihrem Tod verwaltete.

Die ältere Tochter

Gisela Freilinger-Valentin

Karl Valentin hatte, was noch lange nach seinem Tod wenig bekannt war, zwei Töchter. Vor allem die jüngere stand nach dem Tod des Komikers in der Öffentlichkeit, während die ältere sich zeitlebens als »Valentins Pechmarie« fühlte. Beide Mädchen wurden vor der Heirat des Vaters mit Gisela Royes geboren. Die Erstgeborene – sie wurde nach der Mutter benannt – erblickte am 19. Oktober 1905 das Licht der Welt. Gisela Royes reiste, wie es damals bei der Geburt von unehelichen Kindern üblich war, zur Entbindung ins katholische Elternhaus nach Aufhausen, wo man über das uneheliche Bankert nicht gerade erbaut war. Valentin vermerkte über die Geburt der Tochter lapidar: »1905 – mein erstes Kind Gisela geboren 19. Okt. 1905. Ich konnte das Kind wegen meiner Verdienstlosigkeit nicht selbst erziehen und mußte es den Großeltern in Aufhausen anvertrauen (Geburt vorm[ittags] 9 Uhr).« Der Vater war damals 23 Jahre jung. An eine Heirat war vorerst nicht zu denken, da das elterliche Geschäft, die Speditionsfirma »Falk & Fey« unaufhaltsam

47

dem Ruin zutrieb. In der Tat war weder Geld für die Hochzeit noch für die Gründung einer Familie vorhanden. »Ich leide an Platzangst«, notierte Valentin später in seinem selbst erzählten Lebenslauf. »Ich fürchte die Angst vor Plätzen, zum Beispiel Kostplätzen für eventuelle ledige oder uneheliche Kinder.«

Die kleine Gisela verblieb im oberpfälzischen Aufhausen bei den Großeltern. Der Großvater verdiente seinen Lebensunterhalt mit einer kleinen Schlosserei. »Da ich bei meinen Großeltern aufwuchs«, erinnerte sich Gisela später, »nahm ich meinen Vater gar nicht so sehr wahr. Als ich sechs Jahre alt war [zu dieser Zeit heiratete Valentin Gisela Royes] erfuhr ich, wer dieser vermeintliche Onkel wirklich war. Ich war regelrecht schockiert, denn was ich gar nicht leiden konnte, waren rote Haare und grüne Augen.«

Die Kindheit war für Gisela die schönste Zeit ihres Lebens. »Ich war ein richtiger Lausbub«, bekannte sie, »kein Baum war mir zu hoch. Ich war ein richtiges Temperamentsbündel.« Nachdem sie den Schock über den Vater verarbeitet hatte, besuchte sie ihre Eltern und die jüngere Schwester häufig in München. Dabei empfand sie ihren »Papa ... von Anfang an gütiger und nachsichtiger als die Mama«. Valentin scheint sich auch des öfteren mit ihr befaßt zu haben. »Mein Vater spielte lieber mit mir als mit meiner Schwester Bertl, weil ich einfach lebhafter und aufgeweckter war«, bemerkte Gisela dazu. »Er war äußerst freigebig und konnte gar nicht mit Geld umgehen. Einmal kaufte er mir für 60 Mark eine wunderschöne Puppe. Wenn die Mama das gewußt hätte, wäre sie in die Luft ge-

Valentins Tochter Gisela im Alter von 16 Jahren

gangen.« Auch sonst bedachte der Vater seine Älteste mit kleinen Aufmerksamkeiten. So erhielt die Zehnjährige zu Weihnachten einmal eine Zither und später dann sogar eine Gitarre.

Valentin konnte es sich allerdings nicht verkneifen, ihr auch Streiche zu spielen. Eines Morgens erschreckte er sie entsetzlich mit seiner Gipsbüste, die er gespensterhaft über der Tür erscheinen ließ, was ihm Gisela ernstlich übelnahm, auch wenn sie der Vater anschließend beruhigte: »Geh, du Kasperl, schau her, das ist doch bloß ein Gipskopf.« Später tratzte er sie noch mit seinem »Notenständer, der wie von selbst in die Höhe zu wachsen schien«. Ein anderes Mal versetzte er ihr mit einer künstlichen Schlange, die beim Öffnen aus einer Schachtel hervorschnellte, einen gehörigen Schrecken. Diese Neckereien schätzte Gisela nach eigenem Bekunden nicht besonders. Und so rächte sie sich an ihrem Vater, indem sie ihn einmal mit Wasser naß spritzte und ihn ein anderes Mal mit Stricknadeln im Zimmer herumstolzieren ließ, um ihm zu demonstrieren, »wie man einem alten Affen das Radfahren« beibringen kann. Valentin scheint ihr diese Scherze aber nicht übelgenommen zu haben.

Trotz allem entwickelte die kleine Gisela kein inniges Verhältnis zu ihren leiblichen Eltern, die immerhin etwa 130 Kilometer von ihren Pflegeeltern entfernt wohnten. Sie zog es vor, bei den Großeltern in Aufhausen zu leben. »Ich war das Herzkäferl meiner Großmutter, die ich Mutter nannte. Meine leibliche Mama zog eher meine Schwester Berta vor, die sie Mädi nannte. Sie war halt der Liebling der Mama«, berichtete Gisela Freilinger später.

50

In der Schule machte sie gerne Unsinn und erhielt von den Mitschülern bald den Spitznamen »Kasperl-Dirndl«, vor allem nachdem bekanntgeworden war, daß ihr Vater ein »Kasperl« war, wie man auf dem Lande Komiker spöttisch zu nennen pflegte. Nach der Schulzeit beabsichtigte Gisela den Beruf der Schauspielerin zu ergreifen. »Ich wollte unbedingt zum Film.« Bereits in den zwanziger Jahren, wenn sich das Mädchen in München aufhielt, hatte es nach eigenen Angaben »jedesmal Vaters neuestes Stück« besucht, »auch wenn er mich nie direkt zu einer Vorstellung einlud«. Bisweilen wurde sie von Valentin zum Essen oder zu einem kleinen Ausflug mitgenommen, etwa zum Schloß Berg an den Starnberger See, »wo der unglückliche Märchenkönig Ludwig II. seine letzten Lebenstage verbracht hatte«.

Mit Giselas Plänen, Schauspielerin zu werden, war ihre Mutter überhaupt nicht einverstanden. Valentin wollte sich in die beruflichen Vorstellungen der Tochter nicht einmischen. Einerseits erachtete er den Schauspielerberuf für ein Mädchen als nicht ganz ungefährlich, andererseits hätte er seiner Tochter, die ohnehin nur selten in seiner Nähe weilte, aber nichts in den Weg gelegt, hätte sie die Erfüllung dieses Berufswunsches unbedingt durchsetzen wollen. Wegen des mütterlichen Einspruchs ergriff Gisela schließlich den bodenständigen Beruf der Schneiderin.

Die Großeltern beschäftigte damals wohl auch die Frage, wer einmal die Schlosserei übernehmen würde. Da traf es sich gut, daß sich Gisela in den Schlosser Ludwig Freilinger verliebte. Als sie – 21jährig – 1926 ihrem Vater mitteilte, daß sie diesen Mann heiraten wolle, war Valentin nicht besonders begeistert. Er schrieb ihr folgenden Vers in einem Brief:

Der Eltern Wille und Wunsch zu verstehn,
laß' Kind Dir die Ruh' nicht verdrießen,
daß Dir nicht die Augen erst dann aufgehn,
wenn die der Eltern sich schließen.

Dein Vater

Valentin nahm nicht an der Hochzeit teil, sondern schickte seiner Tochter lediglich ein Telegramm mit den Worten: »Liebe Gisela, wünsche Euch beiden alles Gute, aber Du hättest ruhig noch fünf Jahre warten können. Dein Vater.« Außerdem gab er seiner Ältesten folgendes Hochzeitsgedicht mit auf den Weg:

Wenn du einst in deinem Leben
fest auf einen Menschen baust,
schau ihm oft und tief ins Auge,
eh' du dich ihm anvertraust.
Schau ihm oft und tief ins Auge;
denn stets offen ist sein Blick:
Menschenworte können trügen,
doch das Auge trüget nicht.

Dein Vater

Als nachträgliches Hochzeitsgeschenk ließ Valentin dem jungen Paar eine Kücheneinrichtung zukommen. Seine negativ getönte Vorahnungen über die Fähigkeit des Schwiegersohnes, eine Familie zu ernähren, sollten sich nur zu bald bewahrheiten. Ludwig Freilinger war ein brauchbarer Schlosser, aber er konnte ebensowenig wie seine Frau erfolgreich wirtschaften. Sie waren mit der Leitung eines Betriebes völlig überfordert. Nachdem der Großvater Johann Royes dem jungen Paar seine Schlosserwerkstatt übergeben hatte, war sie bereits nach kurzer Zeit völlig heruntergewirtschaftet. Die ersten Schulden der jungen Leute übernahm noch Valentin, der es mittlerweile als Komiker zu Ansehen und zu einigem Wohlstand gebracht hatte. Doch es dauerte nicht lange, und die beiden standen erneut vor dem Nichts. Ludwig Freilinger und seiner Frau gelang es einfach nicht, das Geschäft wieder in die Höhe zu bringen. Gisela hatte zwar das Geburtshaus in Aufhausen übereignet erhalten, aber für die Bestreitung des Lebensunterhaltes blieb dieser Besitz ohne Bedeutung.

Ein Jahr nach der Hochzeit kam Valentin zum ersten- und letztenmal zu Besuch nach Aufhausen. »Er wußte, daß er als Komiker überall kritisch angeschaut wurde«, notierte Gisela Freilinger. »Mit den Großeltern vertrug er sich gar nicht.« Valentin griff auch in den folgenden Jahren Tochter und Schwiegersohn immer wieder finanziell unter die Arme. Zum einen gab er ihnen monatlich eine Wirtschaftshilfe über 100 RM, einen Betrag, der »ungefähr das halbe Honorar für eine Abendvorstellung« darstellte, wie Gisela Freilinger konstatierte. Als die Schulden trotz allem weiterwuchsen, kam ihnen Valentin »am 10.2.1931 mit 1200 Goldmark zu Hilfe. Als Sicherheit für ihn«, so

Gisela Freilinger, »mußte ich erneut eine Hypothek auf unser Haus eintragen lassen; der Zinsfuß betrug 6 %, Valentin verzichtete aber großzügig auf die Zinszahlungen.« Zuletzt verhinderte der Münchner Papa sogar eine Zwangsversteigerung des Aufhausener Anwesens und gewährte den beiden »ein Darlehen in Form einer Hypothek über 4000 Goldmark. Und am 25. April 1934 ließ Valentin unseren gesamten Aufhausener Besitz pro forma in das Eigentum meiner Mutter überschreiben.« Damit übernahm er de facto alle Steuerforderungen, verhinderte aber auf diese Weise, daß das Aufhausener Paar neue Schulden machen konnte. Obwohl Valentin seine älteste Tochter und deren Mann immer wieder unterstützte, konnte er jedoch letztlich nicht verhindern, daß seine beiden Sorgenkinder stets in größere wirtschaftliche Schwierigkeiten gerieten. Gisela Freilinger machte für diese mißliche Entwicklung vor allem ihren Mann verantwortlich, war aber selbst außerstande, zu einer grundlegenden Lösung der leidigen Probleme beizutragen.

Valentin, der sich inzwischen sicher war, daß er in ein Faß ohne Boden investierte, enterbte die beiden schließlich aus Sorge um sein Vermögen und verfügte in seinem Testament, daß nach seiner Frau die zweite Tochter, Berta, die Haupterbin sei. Somit blieb für Gisela Freilinger nur der Pflichtteil.

Die anhaltende wirtschaftliche Misere ließ Gisela Freilingers Liebe zu ihrem Mann bald deutlich erkalten, empfand sie es doch als Last, mit einem Versager verheiratet zu sein. Wohl als Reaktion auf diese ablehnende Einstellung nahm es ihr Mann mit der ehelichen Treue nicht mehr genau, obwohl das Paar drei Kinder hatte. Ein weiteres Unglück traf die Familie, als Ludwig Freilinger – zu Unrecht, wie sich bald herausstellen sollte – wegen »politischer Wühlarbeit« ins Konzentrationslager Dachau eingeliefert wurde, aus dem ihn kein anderer als Valentin wieder herausholte. Er war es auch, der während der Haftzeit seines Schwiegersohnes für den Unterhalt der Tochter samt Kindern sorgte. Valentin »erhöhte seine Überweisungen an mich«, bestätigte später Gisela, so daß sie nicht die öffentliche Fürsorge in Anspruch zu nehmen brauchte.

Die Freilassung Ludwig Freilingers wurde im Verlauf eines Gastspiels, das Valentin und Liesl Karlstadt vom 1. bis 12. Dezember 1935 in Berlin gaben, in die Wege geleitet. »Eine dieser Vorstellungen«, so Gisela Freilinger, »wurde von der braunen Prominenz besucht. Anschließend luden die NS-Größen beide Künstler noch zu einem Umtrunk in ein Lokal ein ... Jedenfalls erzählte mein Vater, daß er Goebbels und Göring gegenübersaß. Es hagelte Komplimente auf Valentin und Karlstadt herab. Himmler sagte zu meinem Vater: ›Herr Valentin, Sie haben uns heute so schöne Stunden bereitet, daß wir Ihnen gerne zum Dank eine besondere Freude machen möchten. Was wünschen Sie sich denn?‹ ... Nach einigem Zögern meinte Valentin: ›Ja, halt, eigentlich hätte ich doch einen Wunsch ... Mein Schwiegersohn sitzt in Dachau; den möchte ich gerne freikriegen.‹ Zunächst herrschte betretenes Schweigen in der Runde. Dann wurde Valentin gefragt: ›Ist denn Ihr Schwiegersohn ein Gegner des Führers?‹ ›Na, na, er hat nur seinen Bürgermeister kritisiert, und dafür ist er verhaftet worden. Der Bürgermeister steht nämlich bei der Bevölkerung in Verdacht, die Winterhilfssammlung zum Teil veruntreut zu haben.‹ Da ergriff Himmler wieder das Wort: ›Wenn das stimmt, dann soll Ihre Tochter an mich persönlich einen Bericht schreiben. ... Wenn Ihr Schwiegersohn wirklich unschuldig ist, garantiere ich Ihnen, daß er sofort entlassen wird.‹ Am 26. Februar 1936 war Valentins Schwiegersohn wieder frei.

In den Kriegsjahren wurde Ludwig Freilinger zur Wehrmacht eingezogen. Er geriet später in Gefangenschaft. In dieser Zeit versuchte Frau Gisela mit Schneiderarbeiten ihre Angehörigen über Wasser zu halten und gelegentlich sogar ihre Familie in Planegg mit Lebensmitteln aus der dörflichen Landwirtschaft zu bedenken. Nachdem ihr Mann aus der Kriegsgefangenschaft heimgekehrt war, »avancierte er in diesen grauen Nachkriegsjahren«, so Gisela Freilinger, sogar noch »zum Lieblingsschwiegersohn Valentins«. Er brachte nämlich immer wieder Rindfleisch aus Schwarzschlachtungen »rucksackweise nach Planegg« und versorgte dort die hungrige Stadtverwandtschaft. Valentins Enkelin Anneliese Kühn, damals etwa sieben Jahre alt, hat an diese Aufhausener Sonderzuwendungen allerdings keine Erinnerung mehr.

Nach Valentins Tod verdiente Ludwig Freilinger den kargen Unterhalt für seine fünfköpfige Familie als Werkmeister in einer Kartoffelfabrik, wobei seine Frau durch ihre Tätigkeit als Flickschneiderin den Haushalt noch mitfinanzierte. Als eine Wiederaufnahme des Schlossereibetriebes Ludwig Freilinger erneut mißlang, mußte er 1952 den Offenbarungseid leisten. Das großelterliche Anwesen wurde verkauft, um alle fälligen Schuldzahlungen begleichen zu können. Der Umzug nach Sünching bei Regensburg in das Haus des Sohnes Lothar ermöglichte den Eltern eine bescheidene Bleibe. Dort starb Ludwig Freilinger am 30. Oktober 1971.

In den siebziger Jahren, als mit Valentins Büchern, Theaterstücken und Filmen auch wieder ansehnliche Tantiemen flossen, versuchte Gisela das für sie ungünstige Testament anzufechten, doch ohne Erfolg. Ihre Schwester Berta hatte das Recht auf ihrer Seite. Die daraus erwachsenden Unstimmigkeiten entzweiten schließlich Valentins Töchter. 1988 veröffentlichte Gisela Freilinger-Valentin unter dem Titel »Karl Valentins Pechmarie. Eine Tochter erinnert sich« ihre Lebensgeschichte, gleichsam als Gegenstück zu den Lebenserinnerungen ihrer Schwester. In diesem Buch beklagte sich Gisela Freilinger auch über die aus ihrer Sicht ungerechte Erbsituation.

Zurückgezogen und in bescheidenen Verhältnissen lebend, verbringt die mittlerweile fast 92jährige ihren Lebensabend in Sünching in einer Mietwohnung des Hauses, in dem auch ihre Tochter Wilhelmine wohnt. Fünf Enkel und vier Urenkel zählen zu ihren unmittelbaren Nachkommen.

Die jüngere Tochter »Mädi«

Berta Böheim-Valentin

»Bittere Tränen hab' ich oft geweint«, soll angeblich die Mutter später ihrer Tochter versichert haben, »weil dich Babba, wie du auf d'Welt kommen bist, kaum ang'schaut hat! Und du warst so a goldig's Butzerl!« In der Tat, als Berta am 21. September 1910 in München geboren wurde, zeigte Valentin kein großes Interesse an seiner zweiten Tochter. In späteren Jahren äußerte Berta die Vermutung, daß ihr Vater für Kinder damals »ganz einfach zu jung war«. Als die Mutter ihren Mann einmal schluchzend zur Rede stellte: »Valentin! Ja magst as – magst as denn gar net, unser Kind? Gfallt's da net?«, soll er verlegen geantwortet haben: »Geh, warum soll ich's denn net mögn! Freili mag ich's – i woaß nur net, was i mit ihr reden soll!«
Nach Aussage der Tochter schloß Valentin mit ihr »etwas später Freundschaft, als ich soviel Haare hatte, daß Papa mir höchstpersönlich einen richtigen Bubenkopf (nicht Bubikopf) schneiden konnte«. Häufig aber brachte er der Kleinen Schokolade mit nach Hause, »einmal war es sogar eine Riesenkiste Schokolade aus Wien«, wie sich Bertl

Valentins Tochter Berta im Alter von etwa 24 Jahren

erinnerte. Mit dem Gedanken, auch Söhne zu haben, mochte sich Valentin allerdings nicht anfreunden. Dies bestätigten beide Töchter. Als Gisela nämlich einmal ihren dritten Sohn Ernst der Mutter zur Pflege nach München mitgeben wollte, protestierte Valentin energisch: »Einen Buben willst du mitbringen. Um Gottes willen! Wenn der auch ein solcher Hundsbua wird wie ich! Tu mir das nicht an!«

Mit seiner Tochter Berta verstand sich Valentin in späteren Jahren recht gut. »Ich hab' meinen Vater als Glücksfall bezeichnet«, gestand sie offen, »er war der ideale Vater.« Er ließ sich mit ihr fotografieren, sang und musizierte mit ihr und machte des öfteren in ihrer Gegenwart Späße. »Seine Ziehharmonika klang wie eine Orgel«, schwärmte Bertl. »Mein Vater hatte sehr viel Familiensinn.« Gelegentliche Strenge konnte das Verhältnis Vater–Tochter nicht trüben. War Valentin, beispielsweise bei unpünktlicher Heimkehr seines »Mädi«, so sehr erregt, daß er sich vornahm, »dem Saufratz Schläg« zu verpassen, verstanden es die Großmutter oder die Mutter stets, die Ausführung dieses Vorsatzes zu verhindern.

Einmal bat Valentin seine Tochter, ihm aus der Apotheke sein Asthmapulver zu besorgen. Als sie auf der Straße andere Kinder traf, war der Auftrag schnell vergessen. Erst nach Stunden fiel ihr des Vaters Bitte wieder ein. Mit gehöriger Verspätung brachte sie ihm schließlich die gewünschte Arznei. Valentin sah sie freundlich an und meinte ganz ruhig, er habe inzwischen einen Asthmaanfall nach dem anderen erlitten und wäre beinahe daran zugrunde gegangen. Es würde ihr aber sicherlich nichts bedeuten, für den Tod ihres Vaters verantwortlich zu sein. Sie hätte seinen Auftrag sonst gewiß sofort erledigt. Dieser Vorfall dokumentiert Valentins extreme Dünnhäutigkeit, die häufig an ihm zu beobachten war, wenn er nicht aufopfernd umsorgt wurde, und dies auch oder gerade von seiner Tochter, fühlte er sich doch von ihr zumeist verstanden. »D'Mädi find't immer das richtige Wort«, meinte er einmal.

Im Laufe der Jahre wuchs Berta immer mehr in die ihr zugedachte Rolle des liebenden Kindes hinein. Sie wurde bald neben der Mutter die wichtigste Helferin in Valentins Privatleben. Daher verwundert es nicht, daß ihr Vater fortwährend ängstlich um sie besorgt war. Einmal schickte er sie beispielsweise zum Zigarettenholen, »doch er rief mich zurück«, berichtete Bertl. »Ich glaubte er hätte welche gefunden, doch am nächsten Tag erklärte er, er habe Angst gehabt, ich würde von der Tram überfahren.« Von einem Gastspielaufenthalt schrieb er am 9. Februar 1928 an seine Frau: »Lass das Mädi und den Bobsi [Valentins Hund] nie allein auf die Strasse hinunter.« Zu diesem Zeitpunkt war seine Tochter immerhin 18 Jahre alt. Auch zeigte Valentin Eifersucht gegenüber möglichen Verehrern seiner Tochter. Einmal hatte die 15jährige vergessen, Häkelgarn zu kaufen. Sie wollte deshalb am späten Nachmittag noch einmal weggehen. Der Vater bestellte ihr aber ein Taxi und ließ sie hin- und herkutschieren. Anschließend erklärte er ihr: »So, der Verehrer hat umsonst g'wart.« Und in einem Tanzlokal fertigte er einen Kavalier, der mit Bertl tanzen wollte, mit den Worten ab: »Nein, meine Tochter tanzt nicht – gell Mädi? ... Bleibst liaba bei mir, gell?«

Nach dem Besuch der Volksschule machte Berta einen Abstecher in die St.-Anna-Töchterschule, aus der sie wegen ihrer zarten Konstitution allerdings bald wieder entlassen wurde. Valentin meinte dazu lapidar: »Lieber ein dummes Kind als ein krankes.« Anschließend absolvierte Berta nach zwei Jahren die Frauenhandarbeitsschule.

Wenn Valentin sich auch gern über die Eigenheiten Bertas lustig zu machen pflegte, zeigte er ihr doch gleichzeitig stets seine väterliche Zuneigung. So schrieb er ihr ins Poesiealbum:

Hier in diesem Album stehen
Viele Worte gut gemeint
Von der Freundin, von dem Freunde
Von Bekannten schön gereimt.
Jedes wünscht Dir nur das Beste
›Glück‹ auf Deinem Lebensweg,
Auch die Mutter baut voll Hoffnung
Daß es Dir stets gut ergeht.
– Und Dein Pappa wünscht dasselbe
Seinem lieben Töchterlein.
Noch dazu, daß grad wie er selbst
Immer ›Sie‹ soll lustig sein.

Dein
schöner Pappa

Das beigegebene Foto des Vaters aber schockierte Berta doch recht, da ihr Valentin ein Bühnenkonterfei eingeklebt hatte, das ihn als lächerlich dürren Clown zeigte. »Ui! D'Fey hat an Papa, der is a Kaschperl«, höhnten bald schon ihre Mitschülerinnen.

Zu Weihnachten mühte sich Valentin, für seine Tochter hübsche, puppenstubentaugliche Figürchen und Bauten zu basteln, so etwa eine kleine Kapelle mit Figuren, die sich mittels einer Kurbel sogar bewegen ließen. »Innen waren die Leute und der Pfarrer, der eine Predigt hielt«, erinnerte sich Bertl später. »Sie wurde über einen Phonographen übertragen.«

Als Berta zu einer jungen Dame herangewachsen war, zeigte sich Valentin gelegentlich in ihrer Begleitung in der Öffentlichkeit. Die damals schlanke Tochter erregte das Mitleid ihres Vaters, der nur für mollige Frauen schwärmte. Hin und wieder unternahm Valentin mit Frau und Tochter Ausflüge ins Grüne: »Da gab's immer Schlagrahm«, schwärmte Bertl noch später. Zu seinen Bühnenproben und Vorstellungen erhielt Bertl zwar etwas häufiger Zutritt als die Mutter, dennoch sah der Vater auch sie dort nicht sonderlich gerne. Nur selten nahm er Frau und Tochter zu Premieren mit ins Theater, so daß später die Meinung entstand, Valentin hätte seine Angehörigen von seinem Bühnenleben völlig ferngehalten. Infolgedessen verwundert es nicht, daß die beiden Valentins Partnerin Liesl Karlstadt gegenüber früh eine auffallend ablehnende Einstellung zeigten. »Ich war als Kind immer eifersüchtig«, gestand Berta in ihren Erinnerungen, »wenn Papa ›das Fräulein Karlstadt‹ – wie er sie in meiner Gegenwart nannte – mir zum Vorbild machte. Ich hatte das Empfinden, diese Frau nimmt mir meinen Vater. Außerdem konnte ich Mama nicht weinen sehen. Und so entstand eine Kluft zwischen Karl Valentins Partnerin und mir, die auch niemand zu überbrücken verstand. Als ich älter wurde, gewöhnten wir uns an diese Distanz. Wir sind einander fremd geblieben.«

Das väterliche Vorbild vor Augen, fühlte sich Berta im Alter von 18 Jahren zum Theater hingezogen. 1929 stand sie zum erstenmal auf der Bühne. 1931 ging sie für zwei Jahre nach Königsberg. Für Valentin bedeutete dies »das Ende der Welt«, wie seine Tochter notierte. Wenn sie nur in Urlaub fahren wollte, bat er sie flehentlich: »Bleib doch bei mir!« Aber jetzt nahm sie für zwei lange Jahre von ihm Abschied. »Wenn ich damals erfaßt hätte, was ich ihm damit angetan habe, ich glaube, ich hätte dieses Angebot abgelehnt. Allein schon die Tatsache, daß er mich, eine erst Zwanzigjährige, ohne elterlichen Schutz so weit fortlassen mußte, machte ihm das Leben schwer.« Valentins Sorgen waren oft so groß, daß er Auftritte absagen wollte. Kam Post von seiner Tochter, fühlte er den Trennungsschmerz und die Ängste um sein Kind besonders drastisch, auch wenn er in seinen Antwortschreiben diese Gefühle humorvoll zu überspielen verstand. Bekannt ist folgender »Schuldbrief« vom 3. Februar 1932 an sein Mädi, in dem jedoch ein ernster Unterton nicht zu überhören ist.

Sehr geehrte Tochter!
Anläßlich unseres letzten Beisammenseins in München am 5. August 31 gestatte ich mir, jetzt die Rechnung für Deine Existenz gütigst zu übersenden und hoffe, dass Du mit den Preisen einverstanden bist.

Hebammenkosten, bezahlt am 21. Sept. 1910	RM	20.-
1 kleine Blechbadewanne	" "	6.-
lauwarmes Wasser, 6 Jahre lang,		
täglich 10 Pfennig	" "	219.-
Schwammbenützung,	" "	108.50
1 Wickelkissen und Babyausstattung	" "	100.-
Täglich 1 Liter Milch, ca 6 Jahre lang,		
Semmelmus etc.	" "	438.-
Schmerzensgeld bei der Geburt von Mutter		
billigst berechnet	" "	100.-
Schulzeit:		
Einschreibegebühr	" "	2.20
Schultoiletten	" "	500.-
Schulbücher	" "	90.-
Pause Frühstück		
Pause Nachmittagsstück mit Berücksichtigung von		
Samstag Nachmittag insgesamt 1.386 Tage	" "	29.-
bis zu 21 Jahren täglich Mittag- und Abendbrot à		
RM. 1.-	" "	6550.-
Täglich ab 10 Jahre 1/2 Liter Bier à 30 Pfg.	" "	1204.50
Taschengeld vom 7. bis 21. Jahr	" "	1000.-
5 mal photographieren lassen	" "	40.-
Aerztliche Behandlung und 16 1/2 Warzen abätzen		
lassen (rechte Hand)	" "	120.-
Kirchensteuer	" "	200.-
Schulsteuer	" "	150.-
Täglich 1/5 Liter Kaffee à 15 Pfg.	" "	1120.-
Monatlich 1/2 Liter Wasser unberechnet	" "	-.-
Bubikopf schneiden	" "	5.-
Kopfwaschen 6 Jahre lang, wöchentlich à RM 3.-"	"	936.-

Barauslagen für Kino und Theaterbesuch, Bälle etc.	„ „	3570.–
Kleidung vom 14.–21. Jahr, pro Jahr RM 500.– incl. Wäsche	„ „	3500.–
Unterricht im Schauspiel, pro Stunde RM 12.–	„ „	3144.–
Unterricht französisch, englisch, Literatur	„ „	540.–
Klavier- und Guitarreunterricht	„ „	700.–
Reise nach Königsberg	„ „	83.–
Briefmarken und Telefongespräche nach Königsberg	„ „	150.–

Gesamtsumme: RM 24625.20

Bezugnehmend, dass Du mein eigenes Fleisch und Blut bist, habe ich 10 % Ermässigung zugestanden   „ „   2462.50

RM 22162.70

Binnen acht Tagen zahlbar, da ich sonst zu meinem Bedauern gezwungen wäre, gerichtliche Schritte zu unternehmen. Mit vorzüglicher Hochachtung!

Karl Valentin

Wenngleich diese Zeilen nur wie ein hübscher Spaß anmuten, so verbirgt sich dahinter zweifellos Valentins Vorwurf, daß sein Kind, für das er soviel getan habe, sich gefälligst nicht der Verpflichtung entziehen dürfe, sich in Dankbarkeit dem väterlichen Willen zu fügen. Und Berta tat ihm letztlich den Gefallen, ob bewußt oder unbewußt, sei dahingestellt.

Zu dieser Zeit richtete Valentin auch einen launigen Brief an den Königsberger Theaterdirektor Werner, an dessen Bühne seine Tochter engagiert worden war. Auch aus diesen Zeilen ist deutlich ein ernster Unterton herauszuhören. Valentin schrieb: »Vor vielen Jahrzehnten, ungefähr im August 1931, kamen Sie zu mir und raubten mir mein Kind ... Zuhause hätte sie ein schönes ›Dasein‹ führen können, bei Ihnen führt sie höchstens ein schönes ›Dortsein‹ ... Aber meine Tochter wollte es nicht anders, sie wollte zur Bühne um jeden Preis der Welt, also auch um 160.– Mark. Der teuflische Beruf des Schauspielers war ihr Ideal, oder bezweifeln Sie, Herr Direktor, dass der Schauspielerberuf nicht teuflisch wäre?«

Langsam, aber stetig näherte sich Berta nun dem Vater vom Königsberger »Exil«, als sie sich 1933/34 ans Schauspielhaus Nürnberg engagieren ließ. 1935 war sie allerdings noch kurzzeitig am Deutschlandsender in Berlin tätig. Außerdem versuchte sie sich zwischendurch auch beim Kabarett, aber der Weg nach Hause war eingeschlagen. Bald bedrängte Valentin seine Tochter, nunmehr doch endgültig zu ihm nach Planegg zurückzukehren. Er köderte sie geradezu, als er ihr schrieb: »Wenn Du nicht mehr zum Theater zurückgehst und bei uns bleibst, bekommst du jeden Monat hundert Mark Taschengeld.« Jetzt gab Berta schließlich nach, »aber nicht des Geldes wegen«, wie sie versicherte. »Nun war ich also ›berufslos‹ gewesen und nur noch meiner Eltern Kind. Das war zwar sehr bequem, aber füllte mich keineswegs aus.« Nach Herstellung der gewohnten Ordnung gewann Valentin seinen Seelenfrieden wieder. Bertl war meist die erste, die seine Werke zu hören bekam. In dieser Eigenschaft war sie mehr Partnerin als Tochter. Gemeinsam spielten sie zu Hause auch Theater, wobei er meist die Rolle des Liebhabers übernahm.

Alles in allem schien er von der Ausdauer seiner Tochter nunmehr noch weniger überzeugt zu sein als bisher. Als die 31jährige 1941 beispielsweise den Wunsch äußerte, Graphologin zu werden, meinte er zu ihrem vorgesehenen Lehrer, dem Schriftsteller Ernst Hoferichter: »O mei, da kennen Sie meine Tochter schlecht! Sechs Wochen höchstens, dann is' Schluß mit der Begeisterung. Wissen S', ... de fangt alles an. Mei' Mädi wenn heut' in einen Zirkus geht – dann muß i ihr morg'n zwoa Elefant'n kauf'n.« Nichtsdestotrotz absolvierte Berta bei Ernst Hoferichter das Studium der Graphologie. Fast zehn Jahre lang erstellte sie anschließend Gutachten über Handschriften verschiedener Personen und gab erst nach ihrer Heirat auch diese Tätigkeit endgültig auf. Ernst Hoferichter analysierte auch einmal Valentins Handschrift und meinte: »Im Grunde seines Wesens ist er ein sehr labiler Charakter, der nicht auf eine Formel zu bringen ist.«

Nach Bertas Eheschließung mit dem Offizier Eduard Böheim siezte Valentin seinen Schwiegersohn: »I sag' halt Herr Schwiegersohn. I kann doch zu einem Offizier net du sag'n! Und außerdem is' er ja koa Bua mehr!« Die Hochzeit zwischen dem 50jährigen Eduard Böheim und der 34jährigen Berta fand am 26. Juni 1948 statt. Nach dem Krieg war Eduard Böheim zunächst als städtischer Beamter im Münchner Rathaus tätig, zuletzt als Verwaltungsdirektor bei der Stadt. Auch nach ihrer Verheiratung verließen Berta und ihr Mann das elterliche Domizil nicht. »Wir führten in unserem Planegger Häusl einen glücklichen Doppelhaushalt Valentin–Böheim und waren doch nur eine Familie«, schrieb Berta in ihren Erinnerungen. Dies war möglich, da Valentin fortwährend beschäftigt war und sich wenig um das jungvermählte Paar kümmern konnte oder wollte. »Wenn er nicht bastelte, schrieb er. Wenn er nicht musizierte, sammelte er. Und was er alles sammelte! Und was er alles schrieb! Und wie schön er musizierte!«

Gelegentlich wurde diese Idylle jedoch zu einem »Narrenhaus«, so, als Berta einmal Valentins Arzneimittelsammlung geordnet hatte, was bei Valentin einen Wutanfall auslöste. »Als das Gebrüll Valentins kein Ende nahm«, erinnerte sich seine Tochter Gisela, die damals zu Besuch war, »bekam ... Berta einen Asthmaanfall. Sie mußte sich legen und drohte zu ersticken.« Der sofort herbeigerufene Arzt konnte diesen lebensbedrohlichen Zustand zum Glück mit einer Spritze entschärfen. Damals habe Valentin, den dieser Eingriff in seine Privatsphäre erschüttert hatte, geschrien: »Ich weiß schon, daß ihr mich loshaben wollt. Dann tut mich doch gleich in ein Altersheim!« Doch diese Befürchtung Valentins sollte sich nie bewahrheiten. 1948 starb er überraschend in seinem Planegger Domizil. »Berta erlitt am Grabe ihres geliebten Papas einen Nervenzusammenbruch und mußte weggeführt werden«, berichtete ihre ältere Schwester. Die Presse nahm von diesem Vorfall jedoch keine Notiz.

Nach dem Tod der Mutter 1956 durfte die Tochter das wieder aufkeimende Interesse der Öffentlichkeit an ihrem

Vater noch miterleben. 1968 gab sie in einer Bearbeitung der väterlichen Notizen »Die Jugendstreiche des Knaben Karl« heraus, und 1971 publizierte sie die eigenen Erinnerungen an ihren Vater unter dem einprägsamen Titel »Du bleibst da und zwar sofort!«. Unter anderen trugen gerade auch diese beiden populären Veröffentlichungen zur nunmehr rasch einsetzenden Valentin-Renaissance maßgeblich bei. Bertl Böheim-Valentin rückte damit jedoch selbst zunehmend ins öffentliche Bewußtsein, wie die vielen Interviews mit ihr und zahlreiche Presseberichte über sie deutlich beweisen.

Im Alter von knapp 75 Jahren starb sie 1985 im Planegger Elternhaus. »Am Morgen ihres Todestages war sie noch munter«, berichtete eine Nachbarin, »am Abend erlitt sie einen schweren Asthmaanfall, den sie nicht überlebte.« In einem Nachruf auf sie schrieb die *Süddeutsche Zeitung*: »Es war sicherlich nicht immer leicht, die Tochter des schwierigen Menschen und des berühmten Komikers Karl Valentin zu sein. Sie selbst hatte die Öffentlichkeit gescheut, blieb stets zurückhaltend, ihr Leben lang im Hintergrund.« Kein Wunder, ihr Vater hatte sie schließlich ein Leben lang dazu erzogen.

Bertl Böheim wurde am 19. August 1985 im Familiengrab in Planegg beigesetzt, neben ihrem Vater, dem sie auch im Leben stets nahe war.

Die Bühnen- und Lebenspartnerin

Elisabeth Wellano alias Liesl Karlstadt

Der Eintrag eines Unbekannten in ein Gästebuch beschrieb sie so: »Oh mei – die Liesl! wunderbar, liebenswert und dipferlg'nau.« Die so gelobte Person erblickte unter dem bürgerlichen Namen Elisabeth Wellano am 12. Dezember 1892 in der Schwabinger Zieblandstraße 11 das Licht der Welt. Sie war das fünfte von neun Kindern des Ehepaares Ignaz und Agathe Wellano. Die Mutter war eine Tochter des Orgelbaumeisters Ludwig Edenhofer aus Regen. Die Eltern des Vaters stammten aus Italien. Der Vater selbst kam aus Osterhofen und war von Beruf Bäcker. Er hatte kein eigenes Geschäft, sondern verdiente als angestellter »Brotschießer« in der Dombäckerei den kargen Lebensunterhalt für seine vielköpfige Familie. Elisabeth Wellano wuchs in entsprechend ärmlichen Verhältnissen auf.

Die Liesl war, wie auch ihre Schwester Amalie bestätigte, eine gute Schülerin. Sie hatte »immer nur Einser im Zeugnis gehabt und wollte eigentlich Lehrerin werden«. Oft riefen ihr die Mitschüler den Spottvers nach: »Wellano – Italiano – lebst a no!«, was die kleine Elisabeth aber selbstbewußt wegzustecken verstand. Gleichwohl sollte dieser Spruch so etwas wie das Motto ihres Lebens werden, in dem sich die Frage nach dem »Auch-noch-Weiterleben« des öfteren stellte.

Nach der Schulzeit begann sie 1906 im Alter von 13 Jahren eine Lehre in der Textilfirma »Eder« am Viktualienmarkt, zwei Jahre später arbeitete die 15jährige als Verkäuferin im Kaufhaus »Hermann Tietz«, lange bekannt unter dem Namen »Hertie«, heute in der »Karstadt«-Gruppe aufgegangen. Die Liesl war ein aufgewecktes, leicht untersetztes Lehrmädchen mit einem hübschen, lausbubenhaften Gesicht.

Zu Beginn des Jahres 1909 starb ihr erst 15jähriger Bruder Hermann und zwei Monate später die über alles geliebte Mutter. »Vor allem der Tod der Mutter«, so die Karlstadt-Biographin Monika Dimpfl, »wird den Ablösungsprozeß von der Familie beschleunigt und die Entscheidung für die Bühne erleichtert haben.« In der Tat fühlte sich die Liesl ab 1909 zunehmend zur Bühne hingezogen, was zunächst darin zum Ausdruck kam, daß sie auffallend gerne die Vorstellungen von Volkssängern besuchte. Schließlich ließ sie sich 1911 als Mitglied der »Dachauer Bauernkapelle und Singspielgesellschaft Adalbert Meier« verpflichten, einer Gruppe, die des öfteren auch im »Frankfurter Hof« gastierte. Sie tat das gegen den Widerstand des Vaters, der für seine Tochter einen »anständigen Beruf« vorgesehen hatte und dem die schauspielerischen Ambitionen des Mädchens überhaupt nicht behagten. »Das kommt gar nicht in Frage, daß ich dich so a Brettlhupferin werden lass'!« wetterte er. »Du kommst no amal run-

Liesl Karlstadt als junge Schauspielerin

tergfetzt daher – mit am ledigen Kind.« Bis zu seinem
Tod am 13. Dezember 1914 – einen Tag nach Liesls 22. Geburtstag – konnte und wollte er sich damit nicht abfin-
den. Das Mädchen ließ sich jedoch von der Absicht, auf

den Brettern, die die Welt bedeuten, zu stehen, nicht mehr abbringen. Am 15. Februar 1911 kündigte sie ihre Stellung im Kaufhaus Tietz.

Liesl Katadt trat anfangs als Soubrette auf, übernahm dann aber alles, was an Rollen so anfiel. In eines ihrer Privatalben notierte sie: »Bei den Volkssängern arbeitete ich Solo, sang den üblichen Entree Chor und spielte lustige Einakter, Bauernkomödien, dramatische Schauspiele ... Ich konnte schlecht jodeln – und noch schlechter Komödiespielen, aber ich war sehr stolz auf mich.« Gleichwohl kam sie beim Publikum in den aufgeführten Stücken recht gut an. »Selbstverständlich habe ich ganz gut gefallen, ich war ja ein junges, nettes Mädel«, erinnerte sie sich später. Der zweite, der neben dem Vater ihrer Soubrettentätigkeit keinen Beifall spendete, war ausgerechnet Karl Valentin. Als er sie 1911 bei einer Vorstellung sah, sprach er sie unverblümt an: »Sie, Fräulein, Sie sind als Soubrette aufgetreten, heut hab ich Sie zum erstenmal gesehen. Des is nix. A Soubrette muß ganz keß sein, die muß an Busen habn. Des is nix für Sie. Aber Sie sind sehr komisch, Sie müssen sich aufs Komische verlegen.‹ Daraufhin war ich natürlich zum erstenmal beleidigt«, erinnerte sich Liesl Karlstadt an diesen provozierenden ersten Kontakt mit dem fast zehn Jahre älteren Valentin, der ihr außerdem attestierte, daß sie »wie ein Christkindl« ausschaue. Liesl Karlstadt mochte sich mit dem Angebot dieses seltsamen dürren Komikers zunächst überhaupt nicht anfreunden. Sie wollte lieber mit einer Artistengruppe als »Glöckchenbimmlerin« auf Tournee gehen. Dabei wäre ihr die einfache Aufgabe zugefallen, gemeinsam mit einigen anderen Mädchen durch das Läuten kleiner Glocken verschiedene Melodien zu intonieren. Valentin aber riet ihr heftig davon ab, wie Theo Riegler berichtet: »Ja, Madl, woaßt denn du gar net, was der [Direktor] mit euch vorhat? Am End is des gar a Mädchenhändler! Also, de Sach' gfallt mir fei gar net und hingehn tuast ma auf gar koan Fall mehr! Der Lump is no imstand und laßt di in Sibirien ohne Geld sitzen – da kannst dann z'Fuaß bis München hatsch'n!« Diese Aussichten schüchterten das junge Mädchen ein. Und als Valentin auf seinem Vorschlag beharrte, sie solle sich besser auf das komische Fach verlegen – »… ich schreib Ihnen mal in nächster Zeit a komisches Soubrettencouplet … Und des bringens'« –, folgte Liesl Karlstadt seinem Angebot, wenn auch immer noch widerstrebend. Doch als sie auf Anhieb großen Erfolg hatte, erkannte sie, daß sie durch Valentin auf den rechten künstlerischen Weg geführt worden war. Nun knüpfte sie bereitwillig engere Kontakte zu ihm.

Angeblich am 1. Januar 1910 schrieb ihr Valentin: »Unterzeichneter bestätigt hiemit, daß Fräulein Elise Wellano das öffentliche Aufführungsrecht meiner sämtlichen komischen Vorträge, Witze und Ideen käuflich erworben hat (Druckrecht vorenthalten) (mit Ausnahme Ein Feuerwehrmann oder Großfeuer auf dem Lande u. Neubayrische Schnadahüpfl).« Vermutlich wurde dieser Kontrakt erst 1912 geschrieben und von Valentin auf 1910 rückdatiert, wohl um aufführungsrechtliche Schwierigkeiten zu vermeiden.

Schon im Laufe des Jahres 1911 wurden Valentin und Elisabeth Wellano privat recht enge Freunde. Beide waren sich rasch im klaren, daß sie von nun an gemeinsam auftreten wollten. Und so arbeitete Valentin nach Überwindung von Liesl Karlstadts anfänglichen Bedenken mit ihr als erstes am »Alpensänger-Terzett«, mit dessen Aufführung etwa im Jahre 1913 das Duo Valentin-Karlstadt seine Karriere begann.

Unaufhörlich entwickelten und probten die beiden gemeinsam immer neue Dialoge, Sketche und Szenen und kamen sich dabei auch menschlich ständig näher. Und bald waren sie wie Don Quichotte und Sancho Pansa ein unzertrennliches Paar, das als »Blödsinnskönigin« und »Blödsinnkönig« dem Publikum rasch zum Begriff wurde. Am 1. Juni 1911, als Valentin Gisela Royes in der Lehelkirche St. Anna heiratete, stand unsichtbar Elisabeth Wellano mit vor dem Traualtar, die unter dem Namen Liesl Karlstadt nicht nur seine Bühnen-, sondern auch seine Herzenspartnerin werden sollte, selbst wenn diese Liebesbeziehung, wie alles bei Valentin, nicht mit Verhältnissen ähnlicher Art zu vergleichen war. Das Pseudonym »Karlstadt« hatte Valentin erfunden, da ihm Elisabeth Wellano zu exotisch klang. Es stellte eine Hommage an den von Valentin hoch verehrten Volkssänger Karl Maxstadt dar. In dessen Namen waren übrigens auch die Vornamen Max und Karl enthalten, wie Valentins früh verstorbene Brüder hießen. Ab 1913/14 trat Elisabeth Wellano unter dem neuen Namen »Liesl Karlstadt« auf.

Um 1911/12 begann Valentin mit der Produktion von Stummfilmen. Sein erster Streifen mit dem Titel »Karl Valentins Hochzeit« entstand 1913, zwei Jahre nach seiner eigenen Eheschließung. In diesem Film enden die Feierlichkeiten im totalen Chaos, wobei der storchenbeinige Valentin zu Tode gedrückt wird. Dieses »erdrückende Gefühl« war Valentin in der Tat nicht unbekannt, hatte er sich von nun an doch mit zwei Frauen zu arrangieren. Liesl Karlstadt spielte in diesem Streifen bereits ihre erste Filmrolle, ausgerechnet ein Dienstmädchen, das mit Valentin poussiert. Eine pikante Konstellation, wenn man bedenkt, daß Valentin mit Liesl Karlstadt gerade ein Liebesverhältnis begonnen hatte. Außerdem hatte er seine junge Ehefrau Gisela einst in seinem Elternhaus ebenfalls als Dienstmädchen kennengelernt. Gisela Royes und Liesl Karlstadt mußten sich von jetzt an Valentins Liebe und sein Leben teilen. »Papa schätzte und liebte beide«, urteilte Tochter Berta. »›Gisela, ich kann ohne dich nicht leben und ich kann auch ohne die Liesl nicht mehr sein‹, gab Papa seiner Gisela zur Antwort, als sie ihn einmal unter Tränen fragte, ob er nicht lieber mit der Liesl verheiratet wäre. Es war für beide Frauen nicht leicht, einen Valentin zu haben, den letztlich keine von beiden ganz besaß.«

Etliche Briefe Valentins belegen deutlich seine enge private Beziehung zu Liesl Karlstadt, so etwa das Schreiben vom 31. Dezember 1912, in dem es heißt: »Möge es uns vergönnt sein, das neue Jahr und noch viele andere Jahre mitzumachen in der wahren Liebe zueinander wie bisher. Gesundheit und unser köstlicher Humor soll uns nie verlassen, und bleibe fernerhin mein gutes braves Lieserl. Prosit Neujahr!! D. V. [Dein Valentin]«.

Und im Brief vom 16. August 1915 lautet die Anrede unverblümt: »Meiner heißgeliebten kleinen Lisi!« Das darauf folgende Gedicht enthält die glühenden Liebesworte:

»Du bist mein Glück mein eigen/ Mein Himmel, meine Welt/ .../ Mir ist, als ob mich grüßte/ Aus sternenklaren Höh'n/ Und wundersam mich küßte/ Dein Bildniß zauberschön.«

Einer der Höhepunkte dieser Liebesbeziehung ist in dem Weihnachtsgedicht von 1919 dokumentiert, in dem Valentin seiner »Liselein« eine Flasche Sekt mit den Worten offerierte: »Dies hier eine Flasche Seckt/ Die Dir hoffentlich auch schmeckt/ Und an einem Tag zu ›Zweit‹/ leern wir sie voll Geiligkeit.« Und noch zwanzig Jahre später, am 28. April 1932, teilte Valentin der Liesl seine Vorfreude mit, »...wenn du wieder da bist, wenn wir mit dem Opelwagi auf Pirsch fahren«. Valentins zweite Partnerin, Anne-Marie Fischer, bestätigte die Liebschaft zwischen Valentin und der Karlstadt, als sie schrieb: »Es hieß immer, sie ›hätten‹ es miteinander, was wohl auch stimmte, aber das Verhältnis war heftigen Schwankungen unterworfen.« Auch in Teilen der Bevölkerung munkelte man über diese Beziehung. Das ging so weit, wie Juliana Ueblacker berichtete, daß ein dreistes Gerücht in Umlauf kam, Valentin habe mit der Karlstadt ein Kind, das während seiner Amerikatournee – Valentin war nie in Amerika! – geboren worden sei. Erst nach dem Krieg sei dieser Mann als amerikanischer Besatzungssoldat nach Deutschland gekommen.

Valentins private Beziehung zu Liesl Karlstadt, die 1911 nach der Hochzeit mit Gisela Royes ihren Anfang genommen hatte, intensivierte sich etwa zehn Jahre bis 1921. Von diesem Zeitpunkt an bis ungefähr 1931 scheinen Liesl Karlstadt in zunehmendem Maße folgende für sie durchaus negativen Tatsachen bewußter geworden zu sein:

1. Valentin würde sich nie scheiden lassen, um sich auch privat mit ihr zu binden. Vermutlich aber war sich die Karlstadt inzwischen auch schon im klaren darüber, welche Probleme ihr entstanden wären, wäre es tatsächlich zu einer derartigen Verbindung gekommen.
2. Valentin würde sie stets mit seiner problematischen Persönlichkeitsstruktur belasten. Seit Beginn ihrer Bekanntschaft hatte sie täglich die Launen dieses egozentrischen, hypochondrisch veranlagten Menschen zu erdulden und seine häufig eifersüchtigen, bisweilen sadistischen Anwandlungen auszugleichen. »Das Fräulein hat er sehr geliebt«, meinte einmal der Regisseur Max Ophüls zu Recht. »Aber er war immer grob zu ihr und hat kaum mit ihr gesprochen.« Später noch erinnerte sich Liesl Karlstadt: »Also es war eine schöne Zeit, allerdings auch eine schwierige Zeit, denn der Karl Valentin war eben ein kranker Mensch, ein Hypochonder, und hat das Leben schwergenommen. Und ich mußte halt immer diejenige sein, die es ihm ein bißchen leichter gemacht hat.«
3. Valentin würde ihr nie eine private Verbindung mit einem anderen Mann gestatten. Für die Karlstadt reduzierten sich dadurch ab etwa 1922 – sie war damals bereits 30 Jahre alt – Jahr für Jahr die Chancen, noch einen Lebenspartner zu finden. Sie bemerkte immer wieder, daß Valentin gelegentlich auch anderen Frauen schöne Augen machte. Daher scheute sie sich nicht, mitunter

ebenfalls zarte Bande zu anderen Männern zu knüpfen. Obwohl Valentin selbst, wie Theo Riegler konstatierte – »was ein echt bayerischer Wesenszug ist – ein Draufgänger war und einem Abenteuer nicht abgeneigt, sah er es nur ungern, wenn Liesl Karlstadt einen Flirt hatte oder von einem Verehrer bedrängt wurde. Dabei lag es auf der Hand, daß sie bei den Männern Neugier und staunende Bewunderung weckte, wenn sie sich nach einer verunstaltenden Hosenrolle als hübsche, charmante Frau entpuppte.« Allerdings ganz so rasch, wie Anne-Marie Fischer in ihren Erinnerungen notierte, wechselte sie ihre Beziehungen nicht. »Liesl Karlstadt trieb es immer recht arg«, heißt es da. »Sie hatte mal hier einen Liebhaber, mal dort einen Freund. Karl sah großzügig darüber hinweg, solange es nicht ihre gemeinsame Arbeit störte.«

Doch mit Valentins Großzügigkeit in dieser Hinsicht scheint es nicht weit her gewesen zu sein, wie folgende Beispiele beweisen. Als etwa der Schauspieler Josef Rankl, der ab 1926 zum Valentin-Ensemble stieß, einmal mit der Karlstadt tanzte und gar ein freundschaftliches Küßchen mit ihr tauschte, war Valentin außer sich. Er untersagte seiner Partnerin, auch nur ein privates Wort mit dem aufdringlichen Verführer zu wechseln. Sie gehorchte und legte dem Kollegen, wenn sie ihm etwas zu sagen hatte, eine Notiz auf den Garderobentisch. Erst einige Zeit später hob Valentin das Sprechverbot gnädig wieder auf. Bei einem Bummel durch Berlin ließ Valentin Rankl und die Karlstadt sogar von einem Detektiv überwachen, der die beiden auf Schritt und Tritt beschattete. Zum Glück konnte er seinem Auftraggeber nichts Ehrenrühriges berichten. Auch sonst begegnete Valentin allen Männern, die sich Liesl Karlstadt näherten, mit Mißtrauen und Vorbehalt. Als die Karlstadt 1927 im Alter von 35 Jahren eine Verbindung mit dem 42jährigen Chauffeur Josef Kolb einging, einem aus Württemberg stammenden gelernten Schmied, wurde dieser von dem drei Jahre älteren Valentin augenblicklich vehement abgelehnt. Außer sich vor Eifersucht über die kurz darauf erfolgte Verlobung, drohte ihr Valentin, er würde den Kerl auf dem Standesamt erschießen. Außerdem wolle er ihr Scheuklappen anlegen, so daß sie keinen anderen mehr anschauen könne. Dieser Vorfall ließ die Spannungen zwischen Liesl Karlstadt und Valentin erheblich anwachsen. Die seelische Belastung war immer weniger zu ertragen. Wie aus dem Nachlaß Liesl Karlstadts ersichtlich wird, hatte sie schon 1928 zu dem Individualpsychologen Dr. Leonhard Seif Kontakt, der sie auch zu Beginn ihrer späteren psychischen Krisen betreute.

Ab 1929 sah sich die Karlstadt nicht mehr nur als der zweite Teil der Valentin-Gruppe. Vielmehr begann sie sich als eigenständige Künstlerin von ihrer anderen Hälfte unabhängig zu machen. Sie notierte: »Die Zeitungen haben bis dato nur über ihn geschrieben und mich total vergessen.« Wenngleich dies nicht ganz zutreffend war, so genoß Valentin doch zweifellos größere Publizität. 1930 nahm sie Schauspiel- und Sprechunterricht bei Mara Feldern-Förster, um eine eigene Karriere einzuleiten, vermutlich aber auch deshalb, um sich nach und nach privat von ihrem Partner lösen zu können. Valentin, der die Ab-

sicht offenbar durchschaute, wandte sich 1931 einem blutjungen Ding zu, der 14jährigen Jungschauspielerin Anne-
Marie Fischer. Bald konnte Liesl Karlstadt in eigenen Rollen beachtliche Erfolge verzeichnen. In ihrem zweiten privaten Album findet sich dazu unter der Überschrift: »Liesl
Karlstadt setzt sich auch ohne Valentin durch« ein vielsa-
gender Zeitungsausschnitt, von Valentin handschriftlich
kommentiert mit: »sehr wichtig«. Für Liesl Karlstadt meinte er wohl, denn er hielt die Soloauftritte seiner Partnerin
für eine Nebensache. Primär hatten für ihn nur ihre gemeinsamen Bühnenaktivitäten Bedeutung.
Von 1932 bis 1935 scheint sich das Verhältnis Karlstadt–
Valentin zunehmend abzukühlen. Die Jahre zwischen 1911
und 1935, welche die künstlerisch fruchtbarsten im Leben
der beiden Komiker waren, neigten sich ihrem Ende zu.
Fast ein Vierteljahrhundert lang hatten sie gemeinsam
zahlreiche Dialoge und Szenen entwickelt, hatten fast täglich auf der Bühne gestanden, hatten Gastspiele absolviert
und Schallplattenaufnahmen realisiert und waren in zahlreichen Filmen aufgetreten. Erholung von der Arbeit und
von Valentin war der rührigen Komikerin nur gelegentlich
beschieden, sie hatte sie vor allem bei Klettertouren in
den Bergen gefunden, etwa zum Totenkirchl oder zur Wild-
spitz, obwohl auch diese Aktivitäten von Valentin nicht gut-
geheißen wurden: »Du woaßt ganz genau, daß i dees net
mag, daß d' allweil in die Berg umanandkraxelst und mi
mit der Angst zrucklaßt!«.
Liesl Karlstadts Verhältnis zu Valentin war während dieser ersten zweieinhalb Jahrzehnte hauptsächlich von drei
Faktoren bestimmt gewesen.

1. Sie vergaß nicht, daß Valentin ihr eigentlicher Entdecker und ihr Manager war. Er hatte sie zur großen Komikerin aufgebaut. Dadurch fühlte sie sich zur Treue verpflichtet.

2. Sie war sich lange Zeit bewußt, daß das Duo Valentin–Karlstadt und nicht Karlstadt–Valentin hieß. Er also war der Kopf der Partnerschaft. Was er anordnete, hatte zu geschehen. Sie hatte sich seinen Wünschen unterzuordnen und primär Valentins Karriere zu dienen, denn seine Erfolge kamen nicht zuletzt ihr zugute.

3. Valentin brauchte Liesl Karlstadt auch als Lebenspartnerin, die ihm Liebe gab, die seine Launen ertrug, die ihm alle unangenehmen organisatorischen Arbeiten abzunehmen hatte und die ihn während seiner seelischen Krisen betreuen mußte. »›Partnerin‹ ist nur ein schlichter Sammelbegriff«, schreibt der Valentin-Biograph Michael Schulte zu Recht für das, »was Liesl Karlstadt bald für Karl Valentin wurde: Koautorin, Koregisseurin, Geliebte, Organisatorin, Psychiaterin, Souffleuse« und ihm einfühlsam zuspielende Meisterin der Improvisation. Auch Theo Riegler meinte, Valentin habe sich in Liesl Karlstadt »ein Instrument« geschaffen, »das mit tadelloser Präzision für ihn funktionierte«. Sie habe sich so sehr in die »Besonderheit seines Wesens« eingelebt, »daß sie mit seinem Gehirn dachte und mit seiner Phantasie Dialoge und Szenen erfand«. Darüber hinaus aber bot sie die schauspielerische Vielseitigkeit, die Valentin benötigte. »Sie war«, erkannte Theo Riegler, »alles, was ihr Valentin zumutete: pfiffig und dumm, häßlich und lausbubenhaft, alt und verschrum-

pelt, vollbärtig und milchgesichtig.« Kurzum, ohne ihre Verwandlungskunst und -bereitschaft wäre Valentin nicht ausgekommen, auch nicht ohne ihre Einflußnahme auf die Authentizität von Szenenbildern. »Wissens'«, meinte Valentin einmal zu dem Autor Rudolf Bach, »daß dees was wird, des macht alles d'Fräulein Karlstadt. Ich könnt dees net, i wär viel z'nervös dazu.« War sie ihm nicht ständig nahe, nörgelte er sofort: »Wie kannst du mir denn so was antun? Du woaßt doch, wia i bin – daß i koa Ruah nimmer hab und mi so aufreg, wannst net da bist.«

In einem Zeitungsartikel von 1929/30 nannte Liesl Karlstadt Valentin »meinen leibeigenen Partner«. Mit noch mehr Berechtigung hätte Valentin dies von ihr behaupten können. Alle diese vielfachen Anforderungen führten immer wieder zu erheblichen Belastungen und überforderten nicht selten die Karlstadt. Es war erstaunlich, wie die nervlich äußerst sensible Frau diese Spannungen jahrzehntelang auszuhalten vermochte, zumal sich Valentin oft recht taktlos benahm. So erinnerte sich der Schauspieler Erwin Faber: »Da war er in Berlin und da hat er mir eine köstliche Geschichte erzählt: Er hat öfter Streit gehabt mit der Liesl Karlstadt, und die Karlstadt hat in ihrer Tasche das viele Geld, das sie verdient haben, aufbewahrt. Und die gingen grad – so erzählte er mir – gingen grad am Kanal, und in dem Streit sagt die Karlstadt: ›Ich stürz mich in die Spree!‹ Und da sagt er: ›Her mit der Tasche!‹« Da mußte bei der Karlstadt wohl der Eindruck entstehen, Geld sei im wichtiger als ihre Person.

Einmal notierte Liesl Karlstadt folgendes kleine Gedicht: »Ich kenn einen Mann, der ist immer traurig!/ Er sieht alles schwarz, und das ist sehr traurig!/ Er ist Pessimist, Hypochonder en gros,/ Bald sticht's ihn am Herz und bald hint' am Woh-Woh.« Am 19. April 1932 schickte sie Valentin eine Autogrammkarte mit dem Vermerk: »Meinem komischen Partner und Patienten Karl Valentin in nie versagender Geduld gewidmet von Liesl Karlstadt. Beruf: Nervenärztin, Nebenbeschäftigung: Komikerin.« Ende April 1932 machte Liesl Karlstadt mit ihrer Schwester Amalie Urlaub am Gardasee. Am 2. Mai 1932 schrieb Valentin einen launigen Brief an seine »liebe billige Wellanolieselkarlstadtly!«, in dem er seiner »zwergischen Freude« darüber Ausdruck verlieh, daß sie in drei Tagen wieder bei ihm in München sei. Doch die Idylle trog. Liesl Karlstadt kam zwar zu ihrem Partner zurück, entfernte sich jedoch immer mehr von ihm. Sie war nahezu an den Grenzen ihrer Möglichkeiten angekommen. Alle Anzeichen deuteten auf Sturm. Erste Beben, die bis 1939 immer stärker wurden, waren bald zu registrieren, obwohl Valentin am 4. Juni 1932 zu seinem 50. Geburtstag von ihr noch ein recht zuversichtlich wirkendes vielzeiliges Gedicht erhielt, in dem unter anderem zu lesen stand:

... Nachdem zur Tatsach worden ist,
dass Du heut 50 Jahr alt bist
kommt mir als Deiner Partnerin
das grosse Glück erst in den Sinn,
dass wir nun volle 20 Jahr
als Kameraden treu und wahr
so Seit an Seite durften gehen
um stark im Daseinskampf zu stehen.
Du weisst, es war nicht immer leicht
bis wir den Höhepunkt erreicht
es gab oft Tage drückend schwer
ich wünsche sie zurück nicht mehr;
...

Drum schnall jetzt Deinen 50ger Muckl
mit lachendem Gesicht am Buckl
und gehe stark und schnurgerad
die 2. Hälfte Lebenspfad.–
Und ich geh wieder mit als Freund
doch nicht nur wenn die Sonne scheint
nein – wenns auch wettert, tobt und schütt
– i bring dann schon an Rengschirm mit.
Und führt der Weg auch steil hinan
und jammerst Du, stosst üb'rall an
bedenk – net anders werds durch's Fluacha
ma muass sich halt an Umweg suacha.
...

Jetzt liegts an Dir, wie Du es treibst
ob weiter Du ein Wuisler bleibst
oder voll Mut und Zuversicht
übst Deine Humoristenpflicht.

Zu diesem runden Geburtstag schenkte Liesl Karlstadt ihrem »Wuisler«, was etwa soviel wie »Jammerlappen« bedeutet, übrigens einen Ring mit einem Lapislazulistein, den der Komiker aber nie trug, da er Angst hatte, er könnte damit irgendwo hängenbleiben und sich dabei den Ringfinger abreißen.

Während Liesl Karlstadt in den Folgemonaten fortwährend dünnhäutiger wurde, schien Valentin diese Vorgänge nur unbewußt zu registrieren. So spielte sich anläßlich der Privatvorführung des Films »Die verkaufte Braut« 1932 im Beisein des Regisseurs Max Ophüls folgende Szene ab. In der letzten Einstellung des Films mußte ein Double für die erkrankte Karlstadt – sie litt an einer Lungenentzündung – einspringen. Nach der Vorführung sah Ophüls Valentin plötzlich weinen. »›Wie hat es Ihnen denn gefallen?‹ fragte ich. ›Traurig!‹ sagte er. ›Sehr traurig! Von dem einen Bild an, wo jemand Fremdes das Fräulein [Karlstadt] war, wie mir da vor dem Karren über die Landstraße gehn, hab i weinen müssen. I hab die ganze Zeit dran gedacht, wie das Fräulein so krank war.‹« Sie sollte bald noch schlimmer erkranken.

Eingeleitet wurde das Zerbrechen der Partnerschaft – dieser Prozeß währte von 1934/35 bis 1939/40 – durch zwei Ereignisse. 1934 wollte Karlstadts Verlobter, Josef Kolb, seine Braut – sie war mittlerweile 42 Jahre alt – verlassen, nachdem er vermutlich die Spannungen zwischen sich und Valentin immer weniger zu ertragen bereit war. Er hatte wohl schon des öfteren Treubruch begangen, wobei die Tatsache eine Rolle gespielt haben mochte, daß die beabsichtigte Heirat immer wieder hinausgeschoben worden war. Wie es heißt, kam es zu einer halbherzigen Trennung, die Liesl Karlstadt kaum verkraften konnte.

Bei dem zweiten Ereignis handelte es sich um ein wenig aussichtsreiches Projekt Valentins. Als er nämlich am 21. Oktober 1934 ein Panoptikum, also ein Jux-, Schauer- und Gespenster-Museum mit skurrilen Exponaten, eröffnen wollte, überredete er Liesl Karlstadt, zur Realisierung dieses Vorhabens eine beträchtliche Summe zur Verfügung zu stellen, da er sich finanziellen Erfolg versprach. Liesl Karlstadt wagte es tatsächlich, einen ansehnlichen Teil ihres kleinen Vermögens beizusteuern. Es existiert ein Schuldschein Valentins vom 14. Oktober 1934 an die Karlstadt »über 4000.– M ... (zinsfrei)«, in dem es weiter heißt: »Für künstlerisch wie finanzielle Beteiligung erhält Frl. Liesl Karlstadt von den Einnahmen auf die Zeitdauer des Unternehmens ein Drittel Gewinnanteil.« Doch der erhoffte Erfolg dieses ersten »Valentin-Musäums« blieb aus. Nach nur zweieinhalb Monaten seines Bestehens wurde es am 31. Dezember wieder geschlossen. Das investierte Geld war verloren. Die enorme Belastung durch die regelmäßigen Bühnenauftritte und durch Valentins ungebrochen egozentrisches Verhalten tat ein übriges.

Liesl Karlstadt war dieser Situation nicht mehr gewachsen. Vom Bräutigam verlassen, um ihr Vermögen gebracht, überfordert von beruflichen Strapazen und dem kräftezehrenden Verhalten Valentins, »ging mit Liesl Karlstadt«, wie Theo Riegler notierte, »eine seltsame Veränderung vor, die nach und nach ihr ganzes Wesen ergriff und ihr seelisches Gleichgewicht ernsthaft gefährdete ... Was ihr empfindliches Herz ... belastete, war die plötzliche

Zwangsvorstellung, daß sie sich zurückgesetzt und unverstanden fühlte. Sie redete sich in einem Anfall weltschmerzlicher Stimmung ein, daß ihr Leben und ihre Arbeit keinen Sinn mehr hätten, und empfand eine innere Leere wie nie zuvor. Da sie nicht wußte, wem sie ihren Kummer anvertrauen sollte, wurde sie von einer nervösen Traurigkeit befallen, die ihr Gemüt zusehends verdunkelte.« Sie wurde depressiv und mußte sich im Dezember 1934 wegen Schwermut in ärztliche Behandlung begeben, wie Valentin notierte. Im April 1935 erlitt sie dann einen ersten schweren Nervenzusammenbruch. Am 6. April vormittags neun Uhr versuchte sie, sich in der Isar das Leben zu nehmen. Sie konnte gerade noch rechtzeitig gerettet werden. Als Valentin davon hörte, soll er in Tränen ausgebrochen sein.

Wie übrigens Valentins Tochter Gisela vermerkte, existiere »die Abschrift einer autobiographischen Skizze von Liesl Karlstadt, in der sie festhielt, daß sie schon 1917 bei der Besteigung des Wendelstein eine Selbstmordsehnsucht in sich fühlte und 1923 bei einem Gastspiel in Wien den Drang spürte, sich vor eine Straßenbahn zu werfen«.

In Liesl Karlstadts Nachlaß fand man ein Couplet von Karl Maxstadt mit dem Titel »Der kommt in d' Höll«, in dem mögliche, religiös motivierte Folgen eines Selbstmordes drastisch zur Sprache kommen:

> *Wer sich das Leb'n verkürzt,*
> *wer sich ins Wasser stürzt,*
> *wer sich durch Kohlendampf im Schlaf erstickt,*
> *wer sich aus Übermuth,*

sogar erschiessen tut,
aus Liebesgram wird heut'zu Tag verrückt,
wer sich ganz tief gekränkt
an einem Baum erhängt,
wer sich vergift mit Cyankalium,
wer sich die Gurgl abschneidt, meine Seel',
der kommt in d'Höll! Zu uns in d'Höll! ...

Von Anfang an hatte das Panoptikum zuwenig dem Geschmack der Karlstadt entsprochen. Darüber hinaus hatte sie Valentin bei ihrem ersten Besuch dieses Museums mit einem makabren Scherz schockiert, obwohl auf einer Tafel die Besucher gewarnt wurden: »Nervenschwache Personen und auch werdende Mütter ... wollen daher von dem Besuch des Panoptikums Abstand nehmen.« Liesl Karlstadt zählte für Valentin wohl nicht zu diesem Personenkreis. Denn er wies seinen Mitarbeiter Rankl an, sich als kapuzenverhüllten Femerichter zu verkleiden und sich als »leblose Puppe« zwischen flackerndem Kerzenlicht und grinsendem Totenkopf unter die anderen Wachsfiguren des schauerlichen Femegerichts in dem düsteren Gewölbe zu setzen. Sobald Liesl Karlstadt vor ihm stand, hob er auf Anweisung Valentins plötzlich marionettenhaft den Arm und den Kopf, so daß Valentins Partnerin fast zu Tode erschrak. Vor allem aber nahm die Karlstadt an der Wasserleiche im Gruselkeller Anstoß. Diese Puppe lag in einem Teich, über den eine hölzerne Henkersbrücke führte. In der Mitte der Brücke war eine Vorrichtung angebracht, die den Besucher, der durch die im Dämmerlicht liegenden Räumlichkeiten ohnehin verunsichert war, plötzlich »in etwas unbestimmbar Modriges – wie in einem Sumpf« einsinken ließ. Bewirkt wurde dieser Effekt durch ein Stück Matratze aus schaumgummiähnlichem Material. Dabei bot sich einem unwillkürlich der grauenhafte Anblick der entstellten Wasserleiche dar, was bei den Besuchern meist Entsetzensschreie auslöste. Auch Liesl Karlstadt soll dieses Ausstellungsstück derart erschreckt haben, daß sie auf dessen Entfernung aus dem Panoptikum bestand. Doch Valentin war durch keine Vorhaltungen dazu zu bringen, das schockierende Exponat zu entfernen.

Das Panoptikum wurde dreimal eröffnet, das erstemal Ende Oktober 1934 – der Betrieb dauerte bis Ende Dezember 1934 –, zum zweitenmal Anfang Mai 1935 im Hotel Wagner – die zweite Schließung erfolgte Mitte November 1935 – und das drittemal Mitte des Jahres 1937. Ende November 1940 erfolgte nach insgesamt dreieinhalbjähriger Laufzeit die endgültige Schließung dieses kuriosen Museums.

Erst nach Liesl Karlstadts Zusammenbruch ließ sich Valentin aus der Reserve locken. Nun schrieb er seiner »lieben Li« viele lange tröstende und aufmunternde Briefe in die Nervenklinik in der Nußbaumstraße, in die sie eingeliefert worden war. Er gestand ihr seine Mitschuld ein, äußerte seine Verzweiflung, aber zugleich seine Hoffnung, daß alles bald wieder gut werden würde. Aus den Briefen sprach ein zutiefst verunsicherter, häufig geradezu hilfloser, aber auch ungewohnt zartfühlender Valentin, der zu echtem Mitleiden fähig schien. Bereits in den Anreden fällt mehrfach ein nahezu wimmernder Tonfall auf, so wenn er

sich an die »liebe gute einzige Lisi« oder an die »liebe liebe Li« wandte und ihr im Juli 1935 versicherte: »Es ist eine harte Zeit für mich ohne meiner kleinen Lisi, die mir in allen Dingen auf der Welt so behilflich war.«
Ein anderes Brieflein vom 2. Oktober 1935, begann mit den Worten eines Marschliedes: »Halte aus! Halte aus! Halte aus im Sturmgebraus! ... Wie sehr Du mir nicht ans, sondern ins Herz gewachsen bist, wirst Du wohl nie erfassen. Ohne Dir ist die Welt für mich völlig inhaltlos.« Und Ende 1935 beteuerte er: »... aber es war doch schön, daß wir alle Tage beisammen waren in Freud u. Leid.«
Liesl Karlstadt hielt sich bis Dezember 1935 in der Münchner Nervenklinik auf. Nachdem sie sich einigermaßen erholt hatte, folgte sie Valentin zu einem Engagement in das Kabarett der Komiker nach Berlin. Doch »eines Abends«, so Theo Riegler, »verlor sie die Kontrolle über ihre Nerven und fing während der Vorstellung plötzlich zu weinen an – aus heiterem Himmel und ohne ersichtlichen Grund«. Auch an den nächsten Abenden konnte sie es »nicht verhindern, daß sie zeitweise ein rätselhafter Weltschmerz überfiel und ihr die Tränen über die Wangen liefen. Immer öfter wurde sie von Weinkrämpfen geschüttelt, so daß an ein Auftreten nicht mehr zu denken war. Schließlich gab ihr der Arzt den dringenden Rat, ihre Arbeit zu unterbrechen und sich in München wieder in die Nervenklinik zu begeben.«
»Es ist grausam auf der Welt«, faßte Valentin Anfang 1936 seine Empfindungen zusammen.
Die partnerschaftlichen und beruflichen Belastungen sowie die gesundheitlichen Beeinträchtigungen, vor allem

im psychischen Bereich, wuchsen Valentin allmählich über den Kopf. So verwundert es nicht, daß sich bald das Gerücht verbreitete, der Komiker würde Morphium, also Rauschgift, nehmen. Sogar Valentins Tochter Berta hörte davon, wie sie in ihren Erinnerungen selbst berichtete. So sei sie mit einem Mann ins Gespräch gekommen, der nicht wußte, daß sie Valentins Tochter war. Dieser habe behauptet, Valentin gut zu kennen. »Ja mei ...«, habe er hinzugefügt, »alt wird der net! Der is' ja ein ganz schwerer Morphinist. Na ja, den Lebenswandel, den der führt ... da wär's kein Wunder.« Berta hielt diese Auskunft jedoch für Humbug. Der bekannte Münchner Schriftsteller Werner Schlierf erzählte dem Autor des vorliegenden Buches: »Mein Vater Franz Schlierf war Anfang der dreißiger Jahre Beleuchter in Geiselgasteig. Er hatte viel mit Valentin zu tun und hat mir des öfteren versichert, daß der Komiker Morphinist war. Das waren damals auch etliche andere bedeutende Künstler, die Großes geleistet haben. Und noch heute findet man das etwa bei stark belasteten Rockstars und gestreßten Schauspielern.«
Einige Planegger Bürger erinnerten sich an folgenden Vorfall: »Einmal kam der Valentin zum Apotheker Pfaffenberger und bat ihn um eine Medizin. Der Apotheker zögerte und meinte: ›Ohne Rezept geht da nix, Herr Valentin.‹ Da ist der Valentin plötzlich ohnmächtig geworden. Das hat er aber nur markiert [vorgetäuscht]. Alle Kunden haben daraufhin die Apotheke verlassen müssen, und der Pfaffinger hat sich um Valentin gekümmert, worauf es ihm gleich wieder besser gegangen ist. Dann hat ihm der Apotheker etwas zugesteckt, und man hat ge-

munkelt, das sei Morphium gewesen. Gelegentlich haben einige Leute auch beobachtet, wie Valentin beim Inhalieren mit der Asthmapumpe sich dabei etwas anderes in die Nase geschoben hat.«

»Mit einem Gummiball«, notierte Anne-Marie Fischer, »spritzte er sich eine Flüssigkeit in Mund oder Nase, die den Zweck hatte, seine Atembeschwerden zu lindern und auch seine seelischen Depressionen zu bekämpfen. Übrigens war dieser merkwürdige Inhalierapparat der Grund für das Gerücht, Karl Valentin sei rauschgiftsüchtig gewesen, das sich ... hartnäckig bis heute gehalten zu haben scheint ... An dem ist ... kein einziges Wort wahr.« Stichhaltige Beweise für die Behauptung, Valentin sei Morphinist gewesen, liegen in der Tat nicht vor, wenngleich die Möglichkeit zu einer gelegentlichen Betäubung seiner vielfältigen Nöte dem Komiker sicher nicht unangenehm gewesen wäre.

Immer wieder machte Liesl Karlstadt Valentin für ihren Zusammenbruch verantwortlich. Als sie brieflich stets neue Vorwürfe erhob, ging Valentin Anfang 1936 schuldbewußt in die Defensive: »Verlange von mir nicht ein langes Schreiben und eine Rechtfertigung – Ich bitte Dich mit aufgehobenen Händen verzeihe mir Alles, was ich getan habe, ich will so werden wie Du es willst, ich wußte ja nicht das ich so bin, ich bleibe in Zukunft die eine treue Seele ich verlange mir so lange Du lebst nichts anderes mehr als dich, und ich werde für dich sorgen wie eine Mutter für ihr Kind. Du hast zu mir oft gesagt, ich bin ein guter Mensch, nur in Deiner Krankheit hast du alles anders empfunden. Schreibe mir sofort daß Du mir wieder so gut bist, wie Du es immer warst. Liebe gute Liesi schreibe mir sofort, daß wir wieder zusam[men] gehören krank oder gesund, ich verlasse Dich niemals, und arbeite nur mit Dir allein oder gar nicht ... Bitte mit Flugpost. Liebe liebe Lisi! Lebe für mich, ich bitte Dich von ganzen Herzen Gott sei mein Zeuge! Halt aus! Halt aus!« In einem der nächsten Schreiben stehen die aufmunternden Worte:»Liebe Lisi – Wir halten fest und treu zusammen. Ein dreifaches Hoch der alten Firma Valentin–Karlstadt und nieder mit all[em] nervösen Gesindel wie Ehrgeiz Eitelkeit – Größenwahn – Zukunftsangst pp. Dein V.« Mit diesen Worten suchte sich Valentin wohl auch selbst Mut zu machen.

Das Jahr 1936 wartete mit neuen unangenehmen Überraschungen für die Karlstadt auf. Anfang des Jahres starb unerwartet ihr Bräutigam Josef Kolb. Ein Schock für sie. Für Valentin jedoch hatte sich dadurch das für ihn leidige Partnerproblem auf natürliche Weise gelöst. Eine mögliche Ehe, an die Liesl Karlstadt vielleicht immer noch geglaubt hatte, war damit so gut wie ausgeschlossen.»Heiraten wollten wir nie«, gab später einmal Liesl Karlstadts Schwester Amalie in einem Interview zu Protokoll, eine Aussage, die sich, zumindest ab 1936, auch auf Liesl Karlstadt bezog, deren mögliche Partner zum einen bereits verheiratet, zum anderen nunmehr verstorben waren.

Da die Karlstadt zweifellos Kenntnis von Valentins Beziehung zu der 19jährigen attraktiven Schauspielerin Anne-Marie Fischer hatte, glaubte sie nun, kaum noch auf den intensiven persönlichen Beistand Valentins zählen zu können, den sie gerade jetzt besonders dringend benötigt hätte. Nicht ausgeschlossen werden können schließlich bei der inzwischen 44jährigen einsetzende klimakterielle Beschwerden mit all ihren unangenehmen Begleiterscheinungen wie Nervosität und Depressionen. Kurzum, ab 1936 traten wiederholt Nervenkrisen auf. Gemeinsame Bühnenauftritte unterblieben in dieser Zeit; dennoch hatte die Karlstadt von Februar bis August 1936 wieder die Kraft, in zehn Filmen mitzuwirken. Diese Tätigkeit beanspruchte nämlich meist jeweils nur einige Drehtage. Besonders erwähnenswert ist in diesem Zusammenhang der Film »Beim Nervenarzt«. »Es war paradox«, so Theo Riegler, und ein äußerst eigenartiger Einfall Valentins, »daß sie als nervenschwache Patientin die Rolle des Nervenarztes übernahm, während der gesunde Valentin den Patienten verkörperte«.

Doch der Patient blieb weiterhin die Karlstadt, wie Valentins verzweifelter Bekennerbrief beweist, den er ihr 1936 schrieb: »Liebe liebe Li Li! Du hast gestern Abend gesagt, ich habe ja gar niemand mehr auf der Welt der mich mag, ich bin ganz verlassen, ja das konntest Du ja aber nur in Deinem jetzigen Zustand sagen, denn Dich hat ja wirklich alles lieb jeder fremde Mensch sogar und wenn er dich nur 1 Stunde kennt, ist schon ganz verliebt in Dich, ob Mann oder Frau, also gerade bei Dir stimmt das Lied überhaupt nicht in welchem es heißt ›Verlassen bin i.‹ Und erst ich! meinst Du daß ich von Deiner Seite gehe auch wenn Du jetzt in die Pension ziehst? Ich setze mich neben Dich so wie Du es haben willst, ich lese oder schreibe, aber ich bin bei Dir. Du bist nicht verlassen, ich verlasse Dich nie! So lange ich lebe. Und diese Worte

werden Dir neue Kraft neuen Mut und Gesundheit geben. Dein Valentin«

Kurz darauf, am 13. September 1936, konstatierte Valentin völlig resigniert in einem Brief an die Patientin:

>>Ich hatte einen Kameraden
1911–1935
K. Valentin«

Als sich Liesl Karlstadts psychischer Zustand mit der Zeit
wieder stabilisierte, verbrachte sie von Oktober 1936 bis
Januar 1937 einen Erholungsurlaub in Berlin, häufig ge-
plagt von Koliken und Stimmungsschwankungen, von
denen sie auch Valentin Mitteilung machte. 1937 versuchte
sie in einem letzten Anlauf, mit ihrem Partner im Kabarett »Benz« noch einmal regelmäßig aufzutreten. Vermutlich hatten sie Valentins zahlreiche Briefe, die sie während
ihrer Erkrankung von ihm erhalten hatte, doch gerührt.
Am 2. Oktober 1937 waren die beiden sogar erstmals im
Bayerischen Rundfunk zu hören. Die Spuren des neuerli-
chen Nervenzusammenbruchs ließen sich aber von diesem Zeitpunkt an nicht mehr unterdrücken. Psychosomatische Nachfolgebeschwerden wie heftige Magenkrämpfe
belasteten die Karlstadt zusehends. Immer wieder kam es
zu Krisen, die Erholungspausen erforderlich machten.
Bald wechselten sich Liesl Karlstadt und Valentin in ihren
gesundheitlichen Störungen ab. So erkrankte Valentin im
Herbst 1938 und erneut im Februar 1939, und die Karlstadt mußte im November 1938 abermals in Bad Tölz
ärztliche Hilfe in Anspruch nehmen. Im Juni 1939 begann

schließlich die Partnerschaft Valentin–Karlstadt deutlich auseinanderzufallen, nachdem zu Beginn eines Gastspiels in Augsburg erneut die Nerven der Komikerin versagt hatten – Anne-Marie Fischer spricht in ihren Erinnerungen von einer vorgeschützten Angina. Valentin fühlte sich dieses Mal von ihr gleichsam verraten. In seiner Not wußte er sich nicht anders zu helfen, als seine Geliebte Anne-Marie Fischer als Ersatz heranzuziehen. Schließlich unterhielt er zu dem jungen Mädchen bereits seit acht Jahren eine ständig enger werdende Beziehung. Mit ihrer Hilfe konnte er die vertraglich vereinbarten Verpflichtungen erfüllen, und am 17. Juli 1939 eröffnete er mit ihr als neuer Partnerin die »Ritterspelunke« am Färbergraben 33 in München, eine Mischung aus Kellerkneipe, Kabarett und Panoptikum. Anne-Marie Fischer hatte dort in die Rollen der Valentin-Partnerin, der Parodistin und der Soubrette zu schlüpfen und wurde vom Publikum auch angenommen.

Mit zunehmender zeitlicher Distanz zu Liesl Karlstadts Suizidversuch erstarkte Valentins egoistische Einstellung wieder. Er drängte nicht nur mit forderndem Unterton zur raschen Wiederaufnahme der einstigen Partnerschaft, sondern reagierte bei Nichterfüllung seiner Wünsche mit Zuwendung zu anderen Bezugspersonen, vor allem zu Anne-Marie Fischer. Zwar traten die Karlstadt und Valentin im August und im November 1940 noch zweimal gemeinsam im Deutschen Theater auf, doch dann verstummte Münchens berühmtes Komikerpaar für Jahre. Valentin verpachtete 1942 die »Ritterspelunke« – Anne-Marie Fischer hatte nach eigenen Angaben kurz zuvor von ihrem Verlobten Dr. Müller ein Kind bekommen. Valentins Bühnenauftritte kamen in den Jahren 1941 bis 1947 gänzlich zum Erliegen.

Die Karlstadt trat 1941 noch auf Alfred Gondrells Bühne »Bonbonnière« in der Revue »Münchner Bilderbogen« auf, litt aber weiterhin unter ihren kräftezehrenden Magenbeschwerden. Ihr Hausarzt riet ihr dringend zu mindestens einer Woche Erholung im Gebirge und verordnete ihr in dieser Zeit eine fettarme Diät. Ein Kollege stellte der Komikerin zu diesem Zweck seine Wohnung in Ehrwald in Tirol zur Verfügung, und Liesl Karlstadt trat den Urlaub an. Bei Wanderungen zur Ehrwalder Alm begegneten ihr mehrmals Feldjäger mit ihren Mulis. Die Karlstadt war bald besonders in eines der Tiere mit dem Namen »Panther« vernarrt – vermutlich auch in den einen oder anderen Feldjäger. Sie erhielt die Erlaubnis, sich um die Mulis zu kümmern. Diese Beschäftigung gefiel ihr so gut, daß aus der beabsichtigten achttägigen Kur schließlich zwei Jahre wurden.

Ihr Aufenthalt dauerte von 1941 bis 1943. Zunächst zog sie in einen der Gebirgsjägerhütte nahe gelegenen Gasthof und kurz darauf ins Offizierszimmer der Diensthütte. Sie übernahm nun die Aufgabe, jeden Morgen um fünf Uhr den Stall auszumisten und die Mulis zu füttern. Aus militärrechtlichen Gründen und damit nichts Anstößiges vermutet werden konnte, wurde Liesl Karlstadt in rascher Folge vom Gefreiten zum Obergefreiten und schließlich zum Stabsgefreiten namens Gustav befördert. Nach Aussage von Liesl Karlstadt zählten diese beiden Jahre als Ehrwalder Mulipfleger zu den glücklichsten ihres Lebens.

Diese alpine Idylle verließ die Karlstadt nur gelegentlich, um verschiedene kurzzeitige Theaterauftritte in München zu absolvieren.

Für Valentins siebenjährige Auftrittspause waren auch kriegsbedingte Verhältnisse verantwortlich, »weil er sich«, wie es die Karlstadt später ausdrückte, »überhaupt nicht mehr in die Stadt reingetraut hat, wegen der Bomben und so weiter«. Vorrangig fehlte dem Komiker aber der Mut, ohne seine Partnerin Neues in Angriff zu nehmen. In der Folge zog er sich abwartend in seinem Häuschen in Planegg ins Privatleben zurück, das ihm jedoch keine ausreichende Befriedigung bot. Er stellte für die Bauern der Umgebung gegen Naturalien, vor allem aber gegen Zigaretten, Nudelwalker her und »schliff Messer, Scheren und Sensen«, wie Theo Riegler berichtete.

Den Kontakt zueinander ließen weder Valentin noch Liesl Karlstadt jemals vollends abreißen. Anfänglich richtete er sogar Treueversicherungen an seine »liebe liebe Lisi«, in denen er ihr versprach, keinen Umgang mehr mit anderen Frauen zu pflegen. »Nun gehe ich von einem Kino in den anderen, immer mit Rankl, oder H. Curt oder H. Radewitz, nie mit Frauen um nicht wieder in Verdacht zu kommen.« Am 11. Februar 1941 schrieb er ihr ähnliches: »... ich komme Abends nur ins Ketterl und Dienstag in Marianenhof Immer ohne Weiblichkeit! Ein schöner Lebens Abend.« Valentins Bemühungen, die ehemals bewährte Bühnenpartnerschaft mit Liesl Karlstadt keinesfalls für immer aufs Spiel zu setzen, ist aus all diesen beschwichtigenden Äußerungen deutlich herauszuhören.

Auch die Karlstadt meldete sich gelegentlich, und sei es

nur, wie nach ihrer Rückkehr nach München am 27. November 1944, um ihrem Partner ein Lebenszeichen aus ihrer Wohnung in der Maximilianstraße 24/III zu geben: »Angriff in unserem Viertel gut überstanden – Fensterscheibenschäden. Liesl Karlstadt.« Am 4. Juni 1942 gratulierte sie mit einer Autogrammkarte, auf der knapp zu lesen war: »Zum 60. Geburtstag gratuliere ich und wünsche Dir alles Gute – Gesundheit und noch viele schöne Jahre. Möge Dir alles in Erfüllung gehen, was Du Dir selbst wünschst! Deine Partnerin Liesl Karlstadt.«

Nach dem Krieg nahm sie ihre Schauspielertätigkeit erneut auf und spielte 1946 die Rolle der Frau Vogel in »Sturm im Wasserglas«. Valentin versuchte nun den Kontakt zu seiner Partnerin wieder zu intensivieren. Bereits 1945 hatte er an sie die Zeilen gerichtet: »... Deine Raubritter Uniform bewahre ich auf – für ›bessere‹ Zeiten – vielleicht? spielen es wir doch noch – oder im Film? – Schreibe mir bald wie du über den Hosentausch denkst – Alles gute wünscht dir Dein größter Verehrer der alle Andere in den Schatten stellt.«

Und tatsächlich Ende 1947 und zu Beginn des Jahres 1948 zeigte sich nach siebenjähriger Pause das Gespann Valentin-Karlstadt nochmals auf der Bühne. Valentin wog damals nach eigenen Aussagen nur mehr 98 Pfund, wahrhaftig »ein Sinnbild der Fettlosigkeit« und wohl auch ein Zeichen für sein bevorstehendes Ende. Die erste Vorstellung der dreißig Tage währenden Spielzeit fand am 6. September 1947 in Pasing statt. Die letzten Gastspiele der beiden konnte man von Dezember 1947 bis Januar 1948 im Kabarett »Bunter Würfel« in München erleben.

Neun Tage vor Valentins Tod, am 31. Januar 1948, fand der allerletzte gemeinsame Auftritt statt.

Kurz vor Weihnachten 1947, am 22. Dezember, schrieb Valentin in stiller Freude an seine Lisi: »... außer einigen Dosen Malz habe ich heuer gar nichts für dich – aber das schönste Geschenk ist doch, daß mir die letzte Zeit wieder so schön zusammen gespielt haben, und wenn Gott es will wieder weiter spielen werden, verlernt haben mir nichts daß hat sich gezeigt.«

Doch Valentin war auch bedrückt von der Not der Nachkriegssituation und von den ungewissen Zukunftsperspektiven. In einem der letzten Briefe an Liesl Karlstadt klagte er: »... meine jetzige Lage ist für mich trostlos – ich kann mir nicht denken, daß ich diese ständige Angst noch länger aushalten kann. Gedenkst Du noch der schönen Maientage? O wie glücklich waren wir 1911 D.P.K.V. [Dein Partner Karl Valentin] Es war einmal!«

Und Ende 1947 verriet er seiner Lisi einen Wunschtraum: »Nächstes Jahr im Frühling sitzen Lisi und ich im Caffee Botanischer Garten. Das wäre mein einziger Wunsch auf Erden.«

Beinahe testamentarischen Charakter tragen jene Verszeilen, die Valentin vor 1948 noch an seine Partnerin richtete:

Wer da je geliebt hat, wie ich dich
der trägt solche Liebe innerlich
Als Geheimniß seiner tiefsten Seele
daß Sie ihm an keinem Orte fehle
Daß Sie ihm an keinem Orte fehle

trägt er Sie in seiner tiefsten Seele
Ewig wird Sie ihm Gefährtin sein
Und so ist er nirgends ganz allein.

Karl Valentin

Valentins Tod muß Liesl Karlstadt tief erschüttert haben.
Man könnte versucht sein anzunehmen, sie sei nicht zur
Beerdigung erschienen. Ihre angeschlagenen Nerven würden der psychischen Belastung der Bestattungszeremonie
vielleicht nicht standgehalten haben. Es wurde auch ge-
munkelt, sie sei erkrankt. Außerdem würde sie – gleichsam als zweite Witwe – der Begegnung mit Frau Valentin
sicher nicht gewachsen sein. Aber entgegen diesen An-
nahmen und Gerüchten nahm Liesl Karlstadt, wie die
Süddeutsche Zeitung vom 14. Februar 1948 vermerkte, sehr
wohl an der Beerdigung ihres Partners teil. Es herrschte
»ein früchterliches Sauwetter«, notierte die Presse.
Nach Aussage des Karlstadt-Biographen Theo Riegler
»empfand die Karlstadt eine innere Leere, als habe das
Schicksal ein Stück ihres eigenen Wesens vernichtet. Ohne Valentin erschien ihr die Zukunft düster und gefahr-
voll. Sie, die ihn treulich beschützt hatte, bedurfte nun
selber eines Haltes.« Vor allem ihre berufliche Zukunft
stimmte sie außerordentlich besorgt.
In der Zeit nach 1948 nahm die Karlstadt deshalb alle An-
gebote wahr, die ihr unterbreitet wurden. Sie entwickelte
sich rasch zur freundlichen volkstümlichen Schauspielerin, zur mütterlichen Münchnerin. Die besondere Ausstrahlung, die sie als Partnerin Valentins hatte, verblaßte

in der Folge allerdings zunehmend. Dies schien Valentin bereits vorausgeahnt zu haben, als er ihr einmal prophezeite: »Freili machst es guat, aber was du da droben spielst, das können andere Frauen auch – was du aber mit mir spielst, das können die andern net.« Vermehrt übernahm die Karlstadt nun im Bayerischen Rundfunk zahlreiche Verpflichtungen, wo sie besonders als »Mutter Brandl« große Triumphe feiern konnte. Bis zu ihrem Tod spielte sie nicht nur am Theater erfolgreiche Rollen, sondern bereicherte auch etliche volkstümliche Filme durch ihre Mitwirkung. Später war sie noch im Bayerischen Fernsehen in beliebten Volksstücken zu sehen.

Am 16. Juli 1960 fuhr Liesl Karlstadt zusammen mit ihrer Schwester Amalie in den Urlaub nach Garmisch-Partenkirchen und verbrachte dort die ersten zehn Tage in erholsamer Ruhe. Noch am 26. Juli hatte die Karlstadt aus Ehrwald eine Karte an Erika Mann, die Tochter des Schriftstellers Thomas Mann, abgesandt. Sie äußerte darin den zuversichtlichen Wunsch, daß »wir alle uns öfters zwecks Gaudi mit ihnen treffen«. Doch dazu sollte es nicht mehr kommen. Tags darauf, am 27. Juli 1960, starb Liesl Karlstadt in der Hotel-Pension Leiner an einem Gehirnschlag. »Am Tag zuvor«, berichtete später ihre Schwester Amalie Wellano, »waren wir noch auf der Zugspitze gestanden, Hand in Hand. Wir haben in den blauen Himmel geschaut, und ich hab' gesagt: ›Kein König ist so reich wie wir, weil wir uns und unsere Kameradschaft haben!‹« Am anderen Morgen brachte Amalie ihrer Schwester wie gewöhnlich Frühstück und Zeitung ans Bett. Plötzlich hörte sie ihre Schwester rufen: »Setz dich zu mir,

mir wird so schlecht!« Amalie eilte sofort herbei. Kurz darauf starb Liesl Karlstadt in ihren Armen.

Der unerwartete Tod löste bei der großen Anhängerschar der Schauspielerin tiefe Betroffenheit aus. Als sie in der Aussegnungshalle des Ostfriedhofs aufgebahrt lag, war der Vorplatz überfüllt mit Trauernden. Zur letzten Ruhe wurde sie auf den Bogenhausener Prominentenfriedhof gebettet, weit entfernt von Valentins Planegger Grabstätte. Während bei Valentins Beerdigung verhältnismäßig wenig Trauergäste zugegen waren, konnte bei Liesl Karlstadts Bestattung der Friedhof die Menschenmenge nicht fassen. Das Trennende, das immer wieder im Leben der beiden Künstler eine Rolle gespielt hatte, bestand sozusagen auch nach dem Tod fort.

Über Liesl Karlstadt schrieb der Filmhistoriker Kurt Seeßlen: »Sie war das Leben, ihre Erscheinung war die eines Apfels. Karl Valentin, nur zum Teil sichtbar, war der Wurm darin.« Dieser Wurm zerfraß den Apfel, der zunächst keine nennenswerte Gegenwehr leistete, ging dann jedoch selbst zugrunde, als sich der lebenserhaltende Futterplatz unerwartet seinem Gebrauch entzog. Hingegen, so die Karlstadt-Biographin Monika Dimpfl, wäre es »entschieden falsch, sie [Liesl Karlstadt] gar zum ›Opfer‹ in einem Geschlechterkampf stilisieren zu wollen. Dazu war sie eine zu gescheite und tüchtige, eine viel zu ausgeprägte und ihrer Weiblichkeit bewußte Person.«

Diese Ansicht vertrat auch der Regisseur Kurt Wilhelm, der nach Valentins Tod lange mit der von ihm sehr geschätzten Karlstadt zusammenarbeiten durfte. Er glaubte, wie er dem Autor dieses Buches in einem Gespräch versicherte, bei ihr weniger eine durch Valentin verursachte depressive Lebenseinstellung beobachten zu können als vielmehr hysterische Verhaltensmerkmale. So erlebte er selbst einen Hysterieausbruch der Karlstadt mit. »Sie kam völlig überdreht zur Funkaufnahme, lachte hysterisch und hektisch, beschimpfte die Anwesenden und sagte lauter unanständige Wörter. Sie, die sonst immer diszipliniert und wohlerzogen-anständig war. Brach so etwas aus, reiste ein Pfarrer aus irgendeinem Dorf – vielleicht auch aus einem Kloster – an, und nahm sie mit. Nach ein paar Wochen kehrte sie dann geheilt und wieder vernünftig geworden in die Welt zurück.« Auch die Weinkrämpfe Liesl Karlstadts 1935 auf offener Bühne weisen auf eine hysterische Problematik hin.

Anne-Marie Fischer erhob sogar den Vorwurf, daß Liesl Karlstadt »von einer hysterischen Simulation in die andere« gefallen sei. Sie habe sich auf die, wie sie glaubte, bewährten alten Mittel verlassen: »Selbstmordvortäuschungen, Wutausbrüche und vermeintliche Krankheiten. Auf diese Weise wollte sie Karl Valentin zwingen, ständig an ihrem Krankenbett zu erscheinen.«

Es läßt sich in der Tat nicht völlig ausschließen, daß bei der Komikerin eine hysterische Neurosenstruktur vorlag, worauf auch ihre massiven Stimmungsschwankungen oder der bei ihr beobachtbare rasche Wechsel von Schüchternheit und Gehemmtheit zu auffallender Redseligkeit und Suggestibilität einen Hinweis geben. Scheitert eine derartige, auch in anderen Bereichen unstete Lebensmethodik an den zunehmenden Grenzen unumgänglicher Wirklichkeit, kommt es zu großen Zusammenbrüchen. Als letzter

Ausweg bleibt dann oft nur die Flucht in die Krankheit, in die große »Krise«, den »Nervenzusammenbruch«. Auch psychoorganische Beeinträchtigungen, etwa Magenkrämpfe, treten in diesem Fall auf. Offensichtlich hilflos wie ein Kind, sucht der Kranke in übermäßiger Weise nachsichtige Hilfe zu erzwingen. Derartige Krisen setzen in der Regel besonders dann ein, wenn Pflichterfüllung, Ausdauer und manch anderer Verzicht gefordert werden. Zeitlich bricht der Konflikt oft um die Lebensmitte auf, wo äußere Mittel wie attraktiver Charme und eine jugendfrische Ausstrahlung allein nicht mehr tragen und die charakterlichen Werte mehr Gewicht bekommen.

Valentin war sicher selbst ein Neurotiker. Es lassen sich bei ihm Mischstrukturen aus schizoiden, depressiven und zwanghaften Neurosen beobachten. Der sich daraus entwickelnde spröde Charme dieser gebündelten Neurosen war zweifellos mitverantwortlich für jene Ausstrahlung, die ihn zu dem unvergleichlichen kauzigen Original werden ließ, das er war. Der Komiker durchschaute diese Tatsache selbst, als er 1929 notierte: »Ich will nur sagen, daß ich damals [in der Jugend] glücklicher war als heute, weil ich noch keine Komplexe hatte, noch nicht nervös war, weil ich die Welt leichter genommen hab' als jetzt. Heute schätze ich die Welt nach meinem Befinden auf 7 Milliarden Zentner Schwere ... Außerdem habe ich noch einen lieblichen Angstkomplex.« Und an anderer Stelle bekannte der Komiker: »Vielleicht würden die Leute weniger über mich lachen, wenn sie wüßten, wie mies ich meist beieinander bin, teils durch mein Asthma, das mich quält, teils durch meine Zwangsvorstellungen.« Chronisches Asthma, oft von früher Kindheit an, findet man übrigens häufig bei Personen mit schizoider Neurosenstruktur.

Nicht ohne Grund entdeckte Valentin in Liesl Karlstadt das ideale Gegenstück zu seiner Person. Neurotische Partner passen oft zusammen wie der Schlüssel zum Schloß. So ergänzen sich etwa Depressive und Schizoide oder Zwanghafte und Hysterische. Derartige Zweierbeziehungen stellen nicht selten einen sadomasochistischen Clinch dar, in dem sich beide Partner durch die Erzeugung massiver Schuldgefühle gegenseitig bis aufs Blut peinigen, meist ohne sich dessen bewußt zu sein. Aus dieser gemeinsamen unbewußten Verstrickung heraus finden sie nur schwer oder nie zu einer Trennung, da sie sich gegenseitig als Objekt und Projektionsträger geradezu benötigen.

So betrachtet darf Valentin künftig nicht allein als der übermächtige Unterdrücker seiner Partnerin gesehen werden, der sie sozusagen sadistisch quälte und sie immer wieder in den Zusammenbruch trieb. Vielmehr ist anzunehmen, daß zwischen beiden eine psychische Affinität bestand, wobei sich Leiderfahrung und Leidverursachung sogar großenteils im Gleichgewicht befanden. Fühlte sich etwa die Karlstadt verletzt, zwang sie durch ihre Flucht in die Krankheit ihrem Partner große Schuldgefühle auf, die ihn in tiefe Depression stürzten. Befand sich aber Valentin in einem Stimmungstief, hatte die Karlstadt die strapaziösen Auswirkungen zu ertragen. Beide waren also ständig im Wechsel Patient und Arzt in einer Person, wobei sich zumindest die Karlstadt der Rolle des Arztes bewußter gewesen zu sein scheint als ihr Partner Valentin.

Die zweite Partnerin

Anne-Marie Fischer

Die »zweite Liesl« nannte sie die Presse, als sie mit Karl
Valentin auftrat, doch der Komiker bat die Journalisten:
»Wenn S' was schreiben, na machen S' kein' Vergleich mit
der Liesl Karlstadt!« Schließlich war diese Frau bereits nahezu dreißig Jahre Valentins Partnerin gewesen, als Anne-
Marie Fischer das erstemal neben dem inzwischen berühmten Komiker auf der Bühne stand.

Ihre Kindheit verbrachte die am 22. Dezember 1917 geborene Anne-Marie Fischer gemeinsam mit ihrer älteren
Schwester Erika in der Elisabethstraße 43. Der Vater, Jo-
seph Ludwig Fischer, war Kunsthistoriker, Musikkritiker
und Leiter der »Münchner Musikbühne«. Seine Tochter
Anne-Marie machte bereits als kleines Mädchen im Alter
von acht Jahren ihre ersten Gehversuche auf der väterlichen Bühne. Mit etwa zwölf Jahren übernahm sie die Rolle des »Piccolo« im »Weißen Rössl« und bald darauf den
Part der »Mi« im »Land des Lächelns«. In späteren Jahren
trat das bildhübsche junge Ding als Soubrette in Operet-
ten auf und spielte auch bei Konrad Dreher.

Anne-Marie Fischer war also keine Anfängerin mehr, als ihr Valentin eine Zusammenarbeit anbot, und dennoch fühlte sie sich erst als »viertelgrüner Möchtegern-Kabarett-tich«. Ihre Ausbildung als Sängerin, Tänzerin und Musikantin – sie hatte Geige und auch etwas Klavier gelernt – kam ihr bei ihren Bühnenambitionen zugute. Auch ihre Schwester Erika konnte eine Ausbildung als Schauspielerin vorweisen. Sie spielte 1937 sogar mit Valentin in dem Film »Ewig dein«, von dem allerdings nur noch Fragmente erhalten geblieben sind. »Etwas Ordentliches hat Annemie aber auch studiert«, versicherte Erika Fischer in einem Gespräch mit dem Autor des Buches. »Als es unserer Familie 1934 nach Schließung der väterlichen Musikbühne wirtschaftlich schlechter ging, besuchte meine 17jährige Schwester eine Handelsschule. Anschließend erhielt sie eine Anstellung als Stenotypistin in einem Münchner Elektrizitätswerk. Mit ihrem kleinen Gehalt konnte sie die elterliche Haushaltskasse etwas unterstützen.«

»Mich hat es nie gewundert«, schrieb Anne-Marie Fischer in ihren Erinnerungen, »daß Karl Valentin und ich zwei Menschen gewesen sind, die auf den ersten Blick gewußt haben: Wir sind füreinander bestimmt.« Ihre Begegnung mit dem Komiker bezeichnete sie als »schicksalhaft«, und sie fühlte sich »außerordentlich zu ihm hingezogen«. Die Jungschauspielerin fand Valentins dürre Gestalt nicht lächerlich oder abstoßend, litt sie doch von Kindheit an selbst unter einer kleinen Behinderung, einem etwas zu kurz geratenen rechten Bein. Diesen Körperfehler hielt sie lange geheim und verstand es, ihn durch viele Übungen und eine energisch antrainierte Körperbeherrschung

Anne-Marie Fischer, Valentins zweite Partnerin

so auszugleichen, daß er kaum auffiel. Um so mehr imponierte ihr, daß sich Valentin nach eigenem Bekunden im Gegensatz zu ihr bereits »im Alter von 11 Jahren aus Gesundheitsgründen zur Abnormität« entschlossen hatte. Er suchte seine körperliche Besonderheit nicht nur nicht zu verbergen, sondern »die seinige, weit übertreibend«, sogar hervorzuheben. »Was er tat, bewies Souveränität, geistige Überlegenheit gegenüber dem Publikum«, notierte Anne-Marie Fischer anerkennend.

Die erste Begegnung des jungen Mädchens mit Valentin fand am 20. November 1930 statt. Der damals erst 13jährige Backfisch durfte im Kolosseum Valentins Einakter »An Bord« miterleben. Obwohl Anne-Marie den Inhalt nicht ganz verstand, war sie von der »traurigen Gestalt« des Komikers fasziniert. Sie spürte, wie sie notierte, »daß mich etwas ›umgerissen hatte‹, wenn ich mir auch nicht zu erklären wußte, was es war. Mein Gefühl sagte: Du, das ist Liebe! Mein Verstand antwortete dem Gefühl: Red nicht solchen Unsinn daher – mach mir das Madl nicht wuschig im Kopf.« Anne-Marie Fischer informierte sich von Stund an mit großem Interesse über den bekannten Humoristen. Der Vater half ihr dabei, indem er ihr Kritiken und Meinungen von Journalisten über Valentin zu lesen gab. In der Künstlerkneipe von Kathi Kobus, die ihr Lokal bereits 1922 abgegeben hatte, kam sie mit dem Umfeld des legendären »Simpl« in Kontakt. Fortan besuchte sie auch häufig Valentin-Vorstellungen.

Einmal kam die Szene »Hasenbraten« zur Aufführung. Die inzwischen 14jährige Anne-Marie saß nahe der kleinen Bühne. »Da plötzlich, mitten im Dialog, fiel Valentins

Blick auf mich. Es war, als erkannte er meine offenmündige Bereitschaft, alles von ihm zu erfahren ... Das Signal aus seinen Augen traf mich wie ein Schlag ... und da geschah es, daß der Mann vor mir auf der Bühne steckenblieb. Er hatte seinen Text vergessen.« Seit dieser Begebenheit scheint Valentin das Mädchen nicht mehr aus den Augen verloren zu haben. So sah er ihr auch bei einem ihrer ersten Auftritte am »Simpl-Stammtisch« zu. Anne-Marie Fischer bemerkte seine Anwesenheit nicht. Erst eine Garderobenfrau wies sie darauf hin, daß Valentin sie gefragt habe: »Wann tritt denn das Kind bei euch auf, die kleine Schwarze mit dem großen Selbstbewußtsein?«

Als Valentin kurze Zeit darauf Anne-Marie Fischer persönlich traf, gab er ihr die Hand, »hielt sie einen Augenblick fest und sagte: ›Soso ...‹«. Ein Gespräch zwischen beiden kam nicht zustande, so daß Valentin später einmal über diese erste Begegnung gesagt haben soll: »Wir haben uns damals von Herzen zusammengeschwiegen ... Ein Schweigen gab das andere ... Z'erst sagte sie nix mehr, dann i nix mehr, und dann wechselten wir das Thema und schwiegen von was anderem ...« Der Volkssänger Papa Benz fragte Anne-Marie Fischer, ob sie »den Karl behext« habe, denn das sehe »doch ein Blinder mit dem Krückstock, daß er ganz narrisch nach dir ist«. In der Tat hatte sich Valentin recht bald Hals über Kopf in das junge, frische Mädchen verliebt. Und sie erwiderte bereitwillig seine Gefühle. Liesl Karlstadt blieb das Techtelmechtel natürlich nicht verborgen. Eifersuchtsszenen waren die Folge, die später mit ein Grund dafür waren, daß sich die Wege der beiden Komiker trennten.

Anne-Marie Fischer zeichnete in ihren Erinnerungen in dem Kapitel »Liebhaber« Valentin als einen auffallend zärtlichen und verständnisvollen Menschen, so daß Kritiker, die den Komiker eher für einen schwierigen und unzugänglichen Hypochonder hielten, geneigt waren, an der Wahrheit dieser neuen Sichtweise zu zweifeln. Anne-Marie Fischer aber beschrieb vielleicht gerade deshalb Valentin als einen »Erotiker«, wie sie es formulierte, der mit der bis dahin verbreiteten eher negativen Beurteilung seiner Persönlichkeit und seines Charakters kaum mehr etwas gemein hatte.

»Man redet immer nur von der traurigen Gestalt, von dem mageren Gestell, von der armseligen Figur und scheint damit unausgesprochen sagen zu wollen: Naja, ansonsten war nicht viel mit ihm los. Da muß ich aber laut widersprechen. Wer den ›Mann‹ in ihm nicht gesehen hat, hat ihn nicht richtig gesehen. Karl Valentin war ein großer, ein leidenschaftlicher, ein sehr guter Liebhaber. Und er hatte viel Spaß an der ›Sache‹ ... Ich bin der Meinung, daß sein Können, seine Kunst, seine spontane geistige, seine schöpferische Leistung nicht zu trennen ist von seiner Qualität als erotischer Mensch ... Wie sagt der Volksmund: Von nichts kommt nichts. Ich weiß es: Valentin war ein Vollblutmann. Er war ein Naturereignis. In jeder Beziehung.«

Gleichwohl scheint Valentin auch häufig Zweifel an der Richtigkeit der Beziehung zu der um dreieinhalb Jahrzehnte jüngeren Schauspielerin gehabt zu haben. »›Aber das ist unnatürlich‹, schrie er mich einmal an«, berichtete Anne-Marie Fischer. »›Du bist jung und schön, du kannst doch einen so alten und häßlichen Mann wie mich nicht lieben!‹... Er verstand nicht, daß mir das nichts ausmachte, im Gegenteil: Ich wollte gar nichts anderes; mit einem gleichaltrigen oder nur wenige Jahre älteren Mann hätte ich kaum etwas anfangen können.« Einmal legte ihr Valentin nahe, sich von ihm zu trennen. Folgsam unternahm Anne-Marie Fischer den Versuch und wandte sich einem früheren Freund zu, kehrte aber nach kurzer Zeit zu Valentin zurück. Sie konnte zu dem ehemaligen Bekannten keinen Kontakt finden, »obgleich er sich sehr für mich interessierte. Er ging später als Arzt in die Tropen, und ich habe nichts mehr von ihm gehört.« Als Anne-Marie Fischer Valentin von ihrem mißglückten Rendezvous erzählte, nahm er »ganz still und wortlos meinen Kopf in seine Hände«, erzählte sie, »und streichelte mich zärtlich; er hatte die zärtlichsten Hände – und wenn wir uns vorher auch noch so sehr zerstritten hatten, mit seiner Zärtlichkeit machte er alles wieder gut«.

Allerdings konnte Valentin – zumindest in den ersten Jahren der Bekanntschaft – auch oder gerade bei Anne-Marie Fischer seine Neigung zur Eifersucht nur schwer beherrschen, wie diese in ihren Erinnerungen bestätigte, in denen sie schrieb: »Und daß er mich mit nicht geringerer Eifersucht [als Liesl Karlstadt] umgab, bekam ich bald zu spüren. Ich wurde von ihm bewacht wie von einem Schießhund.« Dennoch darf man sich diese Umklammerung nicht allzu eng vorstellen. »Karls Zärtlichkeit«, räumte auch Anne-Marie Fischer ein, »war etwas, das ich sehr genossen habe, schon deshalb, weil es uns nicht allzu häufig beschieden war, ungestört und zugleich unbeschwert beisammen zu sein. Allein waren wir oft, aber immer hockten irgendwelche Sorgen und Probleme mit uns am Tisch, die ihn daran hinderten, sich ganz und gar gelöst zu geben.«

Anne-Marie Fischer gegenüber zeigte Valentin stets eine übergroße, sozusagen väterliche Besorgnis, wie er dies auch gegenüber seiner Tochter Bertl tat. Fortwährend hatte er um sie Angst. »Dann verlangte er von mir«, so die Schauspielerin, »daß ich meine Handtasche öffnete. Und er kontrollierte, ob noch alles vorhanden war, was er mir besorgt hatte: ein Schlagring, mit dem ich mich gegen Verbrecher und Mörder wehren sollte, das Tütchen mit Salz und Pfeffer, das ich den Angreifern in die Augen schütten müßte, sowie eine Chemikalie, dafür bestimmt, böse Menschen unschädlich zu machen. Um ihn zu beruhigen, war ich immer darauf eingegangen, obwohl ich es für sinnlos hielt, denn ich sah mich nicht wie er stets von Feinden umgeben.« Andererseits scheint die Bevormundung auch nicht allzu gravierend gewesen zu sein, wie Anne-Marie Fischer eingestand. »Wie ein Kind hat er mich nie behandelt, keine Sekunde lang, sondern hat mich immer als Frau für voll genommen.«

Anne-Marie Fischer unterschied sehr wohl Karl Valentins Rolle als Komiker von der des Freundes und Mannes. Als spindeldürrer Humorist mit seinem gebeutelten Asthmakörper wirkte er oft wie eine Vogelscheuche. Privat zeigte er sich ihr als das ganze Gegenteil. Es blieb nicht aus, daß die junge Frau von Valentin auch in die Rolle der Betreuerin gedrängt wurde, wenn sie ihm über seine schweren Selbstzweifel und Depressionen hinwegzuhelfen hatte. »Seinem Pessimismus mußte ich einen Optimismus entgegensetzen, den ich gar nicht besaß; ich, die ich selber Hilfe und Trost gebraucht hätte, mußte ihn fröhlich anschauen, mußte versuchen, mit meiner erfundenen und gespielten Zuversicht ihn wiederaufzurichten.« – »Häufig glaubte er«, so Anne-Marie Fischer, »nicht mehr an sein ›Sein‹, wie er sagte, er fürchtete, sein Leben ›vertan‹ zu haben. Er war überzeugt, ›nicht mehr in die Zeit zu passen‹.« Manchmal habe er sie dann »mit bösartig verzerrtem Gesichtsausdruck« gefragt: »Wer bin ich überhaupt, was bin ich eigentlich – weißt du's?«

Besonders beeindruckt war Anne-Marie Fischer von Valentins Augen, »das war das Schönste an ihm, der wechselnde Ausdruck darin: das Feuer, die Leidenschaft, die Güte, die Angst – alles las ich in seinen unvergeßlichen Augen«. Ebenso faszinierte sie sein Lächeln. »Er konnte wunderschön lächeln. Ich genoß sein Lächeln. Wenn er aber lachte – viel zu selten hatte er Grund zu lachen –, dann war ich glücklich. Dieses herzliche, aus einer harmonischen Stimmung kommende Lachen war für mich ein Ereignis. Er war dann der schönste Mann der Welt.«

Die engere Beziehung zwischen Valentin und Anne-Marie Fischer währte etwa neun Jahre, von 1931 bis 1940, ihre Bekanntschaft jedoch bis zu seinem Tod 1948. Die Bühnenpartnerschaft dauerte allerdings nur etwas mehr als ein Jahr, von 1939 bis 1940. Im Vergleich dazu kannte Valentin Liesl Karlstadt 37 Jahre, von 1911 bis 1948, wobei sie 27 Jahre, von 1913 bis 1939 und 1947/48, seine Bühnenpartnerin war.

Die Wege Anne-Marie Fischers und Valentins trennten sich

zwischenzeitlich immer wieder, wenn er beispielsweise auf Gastspielreise war und sie sich mit der »Münchner Musikbühne« ihres Vaters auf Tournee befand, wobei sie an verschiedenen Orten recht erfreuliche Publikumserfolge für sich verbuchen konnte.

Nach acht Jahren der Bekanntschaft war es dann soweit. Zu Beginn eines vierzehntägigen Gastspiels in Augsburg im April 1939 erkrankte Liesl Karlstadt an Angina. Dies machte einen Krankenhausaufenthalt erforderlich. Nach Anne-Marie Fischers Ansicht jedoch habe es zwischen Liesl Karlstadt und Valentin eine Auseinandersetzung gegeben, die erneut eine Nervenkrise bedingt habe. Valentin telefonierte in seiner Verzweiflung mit Anne-Marie Fischer und bat sie dringend, nach Augsburg zu kommen, um an Stelle von Liesl Karlstadt mit ihm aufzutreten. Die Fischer zählte damals wie Liesl Karlstadt einst bei ihrem Auftritt mit Valentin 21 Lenze. Sie willigte in Valentins Angebot sofort ein. Mit dem Stück »Tingeltangel« war das neue Duo recht erfolgreich. Dies führte schließlich am 17. Juli 1939 zur Eröffnung der »Ritterspelunke« in München am Färbergraben 33. Diese Einrichtung sollte dreierlei Zwecken dienen, wie Anne-Marie Fischer berichtete, »als Kabarett, als Künstlerkneipe und als Panoptikum«. In dem Drama »Ritter Unkenstein« bekam die Fischer die Rolle von Unkensteins Tochter Kunigunde zugewiesen. Valentin hatte sie ihr auf den Leib geschrieben, da ihm die Rollen der Liesl Karlstadt für sie nicht geeignet erschienen. Der Part des zwar anständigen, doch leicht koketten Burgfräuleins paßte hervorragend zu ihr. Die Aufführung auch dieses Stücks wurde ein großer Erfolg. Liesl Karlstadt war tief gekränkt, als sie erfuhr, daß Valentins neue Freundin nun auch seine Bühnenpartnerin geworden war. Verbittert zog sie sich nunmehr von Valentin zurück und trat – mit zwei kurzen Ausnahmen im August und November 1940 – erst kurz vor seinem Tod wieder gemeinsam mit ihm auf. Als Stabsgefreiter Gustav betreute sie statt dessen erst einmal zwei Jahre bei Gebirgsjägern auf einer Alm in Tirol deren Mulis. Nur gelegentlich, und dies auch nur für kurze Zeit, nahm sie Bühnenrollen in München an.

Valentins Ehefrau scheint sich mit der Fischer erheblich besser verstanden zu haben als mit Liesl Karlstadt. In einem Interview zum 100. Geburtstag Valentins, das sie der *Süddeutschen Zeitung* gab, erklärte Anne-Marie Fischer jedenfalls: »Seine Ehefrau Gisela war die bezauberndste Frau, die ich je erlebt hab'. Sie hat mich recht gern g'habt und mir gesagt, es sei ein Glück, daß er mich gefunden hat. Jetzt habe die ewige Grantlerei daheim ein Ende und sie ein schönes Leben.« In ihren Erinnerungen versicherte die Schauspielerin: »Ich verstand mich recht gut mit Frau Valentin in Planegg bei München, wo ich oft zu Besuch war.« Dieselbe Beobachtung machte ihre Schwester Erika, der Valentins Frau ebenfalls herzlich zugetan war. Das legt die Vermutung nahe, daß die Frau des Komikers bei der Vorstellung Genugtuung empfand, ihre langjährige Rivalin Liesl Karlstadt habe mit dem Auftreten von Anne-Marie Fischer nun endgültig die Gunst ihres Mannes eingebüßt.

In der Tat litt Liesl Karlstadt sehr unter dem doppelten Vertrauensbruch hinsichtlich der privaten und beruflichen

Partnerschaft. Nach Anne-Marie Fischers Ansicht, die sicher nicht ganz frei von Animositäten gegen die erste Partnerin war, hat die Karlstadt gegen sie sogar heftig intrigiert. Angeblich habe sie es fertiggebracht, so die Fischer, »bei den großen Bildberichten in den Illustrierten meinen Namen streichen zu lassen«.

Die Rivalin sang neben ihrer Burgfräuleinrolle auch als »kecke Mizzi« alte und neue Schlager und Moritaten und wirkte vielfach in etlichen Sketchen mit. Im März 1940 fand in der »Ritterspelunke« bereits die hundertste Aufführung des »Ritter Unkenstein« statt. Wilhelm Lukas Kristl erinnerte sich in einem Artikel der Zeitschrift *Bayerland* vom August 1967 an die damaligen Bühnenleistungen der jungen Künstlerin, als er schrieb: »Die Überraschung aber hieß Anne-Marie Fischer als Burgfräulein, wobei man schwankte, worüber man mehr staunen sollte: über Valentins neue Partnerin oder über dessen feines Gespür, genau die für ihn passende Gegenspielerin zu finden. Ich sehe sie noch in der ›Ritterspelunke‹ vor mir – eine appetitlich aussehende, sprühende Münchnerin, und ich höre noch ihre volltönende, warme Stimme in einer Mischung von provozierender Naivität und gesundem Volksverstand. – Das war ja die zweite Liesl.« Solche Vergleiche lehnte Valentin ab, gleichwohl zeigen sie die positive Einstellung des Publikums zu Anne-Marie Fischer. »Annemie wurde der Star der ›Ritterspelunke‹«, bestätigte auch Erika Fischer. »Sie war wie besessen von ihrer Aufgabe. Leider fand die letzte Vorstellung bereits am 5. Juni 1940 statt, und die ›Ritterspelunke‹ wurde Ende 1940 schon wieder geschlossen, dennoch blieb Valentin zunächst auch weiterhin der Inhalt ihres Lebens.« Im November trat Valentin dann noch einmal im Deutschen Theater in dem Stück »Der Theaterbesuch« auf. Danach verebbte seine künstlerische Laufbahn und damit auch die von Anne-Marie Fischer. Von ihrer Zusammenarbeit mit Valentin sind weder Film- noch Tondokumente erhalten, so ist es nicht verwunderlich, daß Anne-Marie Fischer heute im Bewußtsein der Öffentlichkeit kaum noch präsent ist.

Die Schauspielerin bedauerte das abrupte Ende ihrer Partnerschaft mit Valentin sehr. Im Oktober 1940 fuhr die damals 23jährige, wie ihre Schwester Erika zu berichten wußte, »mit ihrer Freundin Liesl Bauch nach Erlangen. Mit von der Partie war Liesls Freund, der dort einen Kameraden besuchen wollte, einen Schiffsarzt, der auf einem Kriegsschiff diente und dem nur ein Tag Kurzurlaub zugebilligt worden war. In der Nacht kamen sich meine Schwester und der 36jährige Stabsarzt Dr. August Müller näher. Er stammte aus einer angesehenen Akademikerfamilie und war eigentlich bereits mit einem Mädchen aus allerbestem Hause verlobt. Als Annemie wenig später merkte, daß ein Kind unterwegs war, versuchte unser Vater mit der Familie des Dr. Müller Kontakt aufzunehmen. Er wollte sie bewegen, in eine Ferntrauung ihres Sohnes mit seiner Tochter einzuwilligen, um dem Kind eine uneheliche Geburt zu ersparen. Einer nachfolgenden Scheidung stünde jedoch nichts im Wege. Die Familie des Dr. Müller lehnte entschieden ab. Ein paar Tage vor der Geburt des Kindes detonierte unter dem Schiff, auf dem sich Dr. Müller befand, eine Seemine. Der Arzt kam am

13. Juli 1941 zu Tode. 17 Tage später, am 30. Juli, brachte meine Schwester ein Mädchen zur Welt, das den Namen Andrea Maria erhielt.« In ihren Erinnerungen bezeichnete Anne-Marie Fischer den Vater ihrer Tochter, wohl beschönigend, als »Verlobten, der vor dem bereits festgesetzten Hochzeitstermin in den ersten Tagen des Rußlandfeldzuges gefallen war«. »Böse Zungen«, so Erika Fischer, »wollten das Kind ihrem Partner Valentin zuschreiben, was natürlich nicht stimmte.« Anne-Marie Fischer notierte in ihren Aufzeichnungen sogar, »Liesl Karlstadt hat das Gerücht in die Welt gesetzt, meine Tochter sei ein Kind von Karl Valentin und nicht von Dr. Müller, meinem Verlobten«.

Valentin scheint weder im Hinblick auf Anne-Maries flüchtige Beziehung zu dem Arzt noch nach der Geburt des Kindes eifersüchtig reagiert zu haben. Es liegt die Vermutung nahe, daß sowohl die Probleme mit Liesl Karlstadt wie auch sein beginnender künstlerischer Rückzug den Komiker verstummen ließen. Nicht zuletzt aber dürfte ihn der beachtliche Altersunterschied von 35 Jahren zu seiner wachsenden Zurückhaltung bewogen haben. Schließlich hatte er Anne-Marie bereits einmal aufgefordert, sich einen jüngeren Mann zu suchen.

»Trotz der Beendigung der gemeinsamen Bühenarbeit«, so Erika Fischer, »blieb Annemie mit Valentin immer noch in Verbindung. Sie trafen sich häufig, telefonierten stundenlang, besonders als dann meine Schwester nach dem Tod des Vaters 1942 nach Schongau übergesiedelt war, um in der Nähe unserer Mutter zu sein, während ich mit ihrer Tochter Andrea in Steinebach Unterschlupf gefunden hatte. Damals war nämlich in München gerade der Bombenkrieg ausgebrochen. Immer wieder absolvierte Annemie mehrere Wehrmachtstourneen nach Griechenland und ich weiß nicht mehr, wohin sonst noch.«

Daß Valentin der jungen Mutter weiterhin mit ungebrochener Herzlichkeit begegnete, belegt auch eine – hier erstmals veröffentlichte – Karte von 1942, adressiert »an Frl. Annemie Fischer, Steinebach am Wörthsee bei Frau Mühlbrecht. Liebe liebe kleine Annemie! Sei mir nicht böse daß ich nichts hören lasse von mir aber ich denke jede Stunde an dich, ich arbeite täglich von 9 bis Abends 7 Uhr in der Burg (Filmvorbereitungen) Rufe mich doch jeden mittag 1 Uhr an 471612 – Ich freue mich unendlich auf deine liebe Stimme. dein Vallentin, Abs. K.V. Fey Grünwald Schloß.«

Unmittelbar nach dem Krieg wurde Anne-Marie Fischer eine Tätigkeit in der Unterhaltungsabteilung des Bayerischen Rundfunks angeboten. »Dort verehrte sie ihren – leider verheirateten – Chef Dr. Alexander Didczuhn sehr«, wie Erika Fischer versicherte. »Es gelang ihr aber nicht, eine engere Beziehung zu ihm zu knüpfen. Sie versuchte auch, Valentin im Funk – es klingt lächerlich – eine Beschäftigung zu verschaffen, ohne Erfolg. Künstlerisch war er ganz einfach gestorben. Er passe nicht mehr in die Zeit, hieß es. Damals besuchte uns Valentin oft, und er wurde immer dünner und kränklicher. Wenn ich daran denke, könnte ich weinen, um so mehr, als er von uns nicht das geringste annahm, im Gegenteil uns immer noch etwas mitbrachte.«

Anne-Marie Fischer und ihrer Schwester Erika galt auch

Karl Valentins letzter handschriftlicher Brief. Er kritzelte ihn vier Tage vor seinem Tod mit Bleistift auf ein Stück Papier.

»Liebe Erika u. Annemi, konnte gestern mein Versprechen nicht halten und Euch beide in den Simpl abholen. Von neuem habe ich mich erkältet und ging gleich nach dem bunten Würfel um 8 Uhr ins Bett – nicht bös sein. Vor meiner Abreise am Montag Früh werde ich euch, wenn es mir besser geht noch mal besuchen

Alles Gute Karl Valentin«

Sein letzter Besuch hätte also den beiden Fischer-Mädchen gegolten. Seltsam ist nur, daß von einer beabsichtigten Reise Valentins nichts bekannt war, es sei denn, der Komiker ahnte zu diesem Zeitpunkt bereits seine baldige allerletzte Reise voraus. Er starb nämlich an diesem Montag, dem Rosenmontag 1948, im Alter von 66 Jahren. Anne-Marie Fischer war damals 31 Jahre alt. Ihre Erinnerungen an den großen Komiker schloß sie mit den Worten: »Ich durfte eine lange Strecke seines Weges an seiner Seite sein. Ich habe, vielleicht als einzige, ihn als Naturereignis genossen. Es war die schönste Zeit meines Lebens.« Nach Valentins Tod verlief die Karriere seiner zweiten Partnerin in ruhigeren Bahnen. Wie Theo Riegler mitteilte, war sie bis in die sechziger Jahre beim Rundfunk tätig. Doch mit der Zeit geriet sie in Vergessenheit, aus der sie erst 1982 nach der Veröffentlichung ihrer Erinnerungen kurzzeitig wiederauftauchte.

Anne-Marie Fischers Privatleben wurde nach dem Krieg von vielen Krisen erschüttert. Nachdem 1945 ihre Mutter gestorben war, hatte sie, noch vor Valentins Tod, am

26. Februar 1946 den sechs Jahre jüngeren Handelsakademiker Erich Anton Grubinger aus Wien geheiratet. Da er Mitglied der Waffen-SS gewesen war, erzeugte diese Wahl bei der antifaschistisch eingestellten Schwester Erika großes Befremden. Grubinger ließ sich 1952 von ihr scheiden und setzte sich mit einer Hotelierstochter nach Argentinien ab. Jahre später befreundete sich Anne-Marie Fischer mit dem erheblich jüngeren 24jährigen Jurastudenten Alfred Kren, von ihr Kiu genannt, den sie bis zu ihrem Tod bei seinen künstlerischen Versuchen als Komponist, Fotograf, Maler und Galerist auch finanziell tatkräftig unterstützte. Er zog sich bald nach Köln und später nach New York zurück. »Wahrscheinlich war er es«, so Erika Fischer, »der Annemie die letzen Jahre ihres Lebens noch den nötigen Lebensmut gab, obwohl er mit ihr meist nur telefonierte und sich äußerst selten blicken ließ.« Nach und nach löste auch Tochter Andrea die Beziehung zu ihrer Mutter. Sie heiratete um 1970 einen spanischen Rechtsanwalt, mit dem sie nach Maracaibo in Venezuela ging, wodurch sich die Kontakte zur Mutter weiter reduzierten.

Daneben setzten der alternden Schauspielerin in wachsendem Maße psychosomatische Beschwerden zu, außerdem zwei Oberschenkelhalsbrüche, ein steifes Knie und eine Unterleibsoperation, was ihre latenten Depressionen verstärkte. Als »Invalidin« wurde sie schließlich frühpensioniert. Besonders zerstörerisch wirkte sich jedoch die Tatsache aus, daß sie schwer alkoholkrank war. Es verwundert nicht, daß die vereinsamte und zunehmend in sich verschlossene kranke Frau 1979 Suizidabsichten äußerte. Halt fand sie schließlich nur noch bei Fräulein

Berta Rettig, einer ehemaligen Krankenhausangestellten, die sie bis zum Tod betreute.

Am 20. Juli 1988 starb Anne-Marie Fischer 71jährig in München in der Ungererstraße 19 an Leberzirrhose. »Als ich in Anne-Maries Apartement ankam«, erinnerte sich Erika Fischer, »saß sie wie immer halb liegend auf ihrer Couch. Sie hatte ein ganz junges Gesicht und lächelte. Das hat mich unendlich beruhigt.« Weder die Presse noch das Publikum nahm besondere Notiz von diesem Ereignis. Die Beerdigung entfiel. Ihren Leichnam hatte die Schauspielerin nämlich bereits zu Lebzeiten der Anatomie vermacht, da sie nach Aussage ihrer Schwester Erika den bei Bestattungen üblichen finanziellen Aufwand für »sinnlosen Kram« hielt.

Die Sekretärin

Eva Friedrich

Wie Eva den Adam, so suchte auch Valentin einmal eine Eva mit einer Frucht – nein, nicht zu verführen, sondern nur – zu hypnotisieren, wobei er sich statt eines Apfels einer Zwiebel bediente. Doch davon später. Die Rede ist von Eva Friedrich, der Sekretärin des Komikers. Neben ihr hatte Valentin noch den Kaufmann Adalbert Lobinger als Schreibkraft, in den letzten Lebensjahren außerdem die Planeggerinnen Juliana Ueblacker und – gelegentlich – Liesl Weismann. Sie alle hatten in erster Linie Valentins Manuskripte in die Schreibmaschine zu tippen, denn Valentins Handschrift war keine gut leserliche.

Während Lobinger nach dessen Aussage er »hauptsächlich in der Zeit des Zweiten Weltkrieges bis zu meiner Einberufung ins Feld« für Valentin arbeitete, und er seine Tätigkeit erst nach seiner Rückkehr aus der Kriegsgefangenschaft ab Ende des Jahres 1946 wiederaufnahm, war Eva Friedrich seit September 1931 Valentins vorrangige und ständige Sekretärin. Sie blieb es 17 Jahre lang bis zu seinem Tod 1948. Danach ordnete sie noch seinen Nach-

Eva Friedrich in Valentins Planegger Haus bei Schreibarbeiten (um 1935)

laß, so daß es ihr – laut Erwin Münz – zu danken ist, daß die Manuskripte des Komikers in den verschiedenen Fassungen großenteils erhalten geblieben sind.

Die am 9. Mai 1905 geborene Eva Schweiger – so ihr Mädchenname – war mit Kurt Friedrich verheiratet. Ihr Mann war Musiker und spielte als Trompeter im Orchester Josef Graf, das auch bei einzelnen Schallplattenaufnahmen Valentins mitwirken durfte. Vor ihrer Heirat war Eva Friedrich selbst künstlerisch tätig. Sie war Soubrette in der Singspielgruppe Moar, die nicht nur am Münchner Platzl auftrat, sondern bisweilen auch auf Tournee ging, etwa nach Elberfeld, Kaiserslautern und Berlin. Als das junge Mädchen in dem Theaterstück »Der Narrenzettel«

von Julius Pohl auftrat, notierte die Presse: »Evi Schweiger gibt die Tochter mit allen Nuancen der Widerspenstigkeit und Vaterliebe, die ihr der Dichter zugedacht hat.«
Nach einer Kropfoperation um 1930 mußte Eva Friedrich ihre Sänger- und Schauspielertätigkeit aufgeben. Da sie in München in der Nähe der Familie Valentin wohnte, kam es bald zur Bekanntschaft mit deren Tochter Bertl. »Es ist vorstellbar«, so teilte der Sohn Kurt Friedrich dem Autor dieses Buches mit, »daß damals Valentin gerade eine Schreibkraft suchte und Valentins Tochter meine Mutter dem angesehenen Komiker als Sekretärin empfahl.« Eva Friedrich hatte zu Valentins Frau und Tochter von Anfang an eine gute Beziehung. »Sie gehörte zur Familie«, wie Bertl Böheim-Valentin versicherte. Als »Tante Eva« erfreute sie sich auch noch der Zuneigung von Valentins Enkelin Anneliese.
Zu der Zeit, als Berta ans Theater in Königsberg engagiert war, kam es des öfteren vor, daß Valentin abends nicht auftreten wollte und Eva anflehte: »I kann heut' net spuin. I kann mi nimmer konzentriern, mir fallt nix mehr ein. I muaß allaweil ans Mädi denken! Wenn dem Kind droben was passiert! So weit weg! Hätt' mas doch net fortlassen! Eva, telefonier ab! Sag, i bin krank, i kann heut net! Verstehst denn des net?« Dann mußten Valentins Frau und die Sekretärin alle ihre Überredungskünste aufbieten, um Valentin doch noch zum Auftritt zu bewegen, was allerdings mehrfach mißlang.
Auch sonst hatte die Friedrich mit dem Komiker so ihre Probleme. »Ausgerechnet ich habe eine Sekretärin, die fast nie über meine Manuskripte lachen kann«, soll Valentin

einmal gestöhnt haben. Der jungen Frau verging allerdings das Lachen, wenn sie das nicht immer leicht zu lesende Schriftbild des Komikers zu entziffern hatte. Manchmal las er den Anfang eines Vortrags laut vor, meinte dann aber: »Da, lies'n selber, du kannst mei Schrift besser les'n als ich!«

Eine Widerrede vertrug Valentin nicht, allenfalls zeigte er sich einem diplomatisch vorgetragenen Hinweis zugänglich. Eva Friedrich aber trug ihre Meinung stets »geradeheraus« vor. Damit muß sie einmal eine wunde Stelle des Komikers getroffen haben, denn dieser verlor seine Beherrschung und machte wohl eine recht ausfallende Bemerkung. Tief gekränkt reagierte Eva Friedrich mit kühler Sachlichkeit, worauf ihr Valentin sofort schuldbewußt eine Notiz hinterlegte mit dem Angebot: »Eva, wenn du willst, kannst du in Urlaub gehen!« Damit gelang es ihm, die Sekretärin wieder versöhnlich zu stimmen.

Eva Friedrich hatte allerdings nicht nur Texte zu schreiben, sie mußte immer dann, wenn Not an der Frau war, einspringen. So bat Valentin sie einmal, ihn zu einem Individualpsychologen zu begleiten, da sie sich besser merken könne, was dieser ihm alles sage. Der Psychologe äußerte über den komischen Besucher: »Wenn jeder Mensch einen Tisch mit vier Beinen braucht – ein Karl Valentin hätte gerne einen mit drei Beinen! Immer anders als die anderen!« In der Tat konsultierte Valentin, wie er selbst bestätigte, wegen ihn zunehmend quälender Angstgefühle »von meinem 35sten bis zu meinem 47sten Lebenjahr ...47 Ärzte. Ich suchte auch zwei namhafte Individualpsychologen auf; ich ließ nichts unversucht.«

Des öfteren setzte der Komiker seine Sekretärin auch zu Handlangerdiensten ein, beispielsweise zum Verschnüren von Paketen, und konnte sich maßlos ärgern, wenn die vorher von ihm peinlich genau abgemessene Schnur letztlich doch um einen Zentimeter zu kurz war. Mit Valentins geliebtem Hund Bobsi Gassi zu gehen gehörte gelegentlich ebenfalls zu ihrem Aufgabenbereich.

Ging es darum, sich unangenehme Angelegenheiten vom Halse zu halten, schob Valentin Eva Friedrich gerne vor, so etwa 1938, als er eine Vorladung zur Gestapo zugestellt bekam. Darüber war er so sehr beunruhigt, daß er seine Sekretärin bat, den Termin wahrzunehmen, um erst einmal die Stimmungslage zu sondieren. Zum Glück endete die Sache glimpflich. Valentin hatte sich nämlich nur wegen eines harmlosen Fotos zu verantworten, das er von einer abgerissenen Münchner Kirche geknipst hatte. Als er glaubhaft versichern konnte, er wolle dieses Bild lediglich seiner Fotosammlung Altmünchner Bauwerke eingliedern, verlief die Angelegenheit im Sand. Aufdringliche Besucher und lästige Anfragen von Regisseuren verstand Eva Friedrich zur Freude des Komikers meist erfolgreich abzuwimmeln.

Einmal jedoch wollte Valentin seine Sekretärin außerdienstlich hypnotisieren. Sie machte das Spiel bereitwillig mit bis zu dem Augenblick, da er ihr eine Zwiebel in den Mund zu schieben und ihr einzureden gedachte, es handle sich dabei um einen »wunderschönen Apfel«. Blitzschnell richtete sich Eva Friedrich aus ihrem vorgegaukelten Trancezustand auf. Valentin nahm diese Reaktion mit großer Erheiterung auf. Was aber wäre gewesen, hätte die

Hypnose Erfolg gehabt? Ob sich dann nicht doch der »Adam« von der Eva womöglich zu mehr hätte verführen lassen als nur zu einem harmlosen Biß in den Apfel? Als 1932/33 Valentins Frau ihre Tochter in Königsberg besuchte, wurde die damals 27jährige Eva Friedrich gebeten, die Vertretung im Haushalt zu übernehmen. Valentin schrieb damals an den Ehemann seiner Sekretärin folgendes eigenartige Gedicht:

Gelöbnis

Die Ehefrau ist fortgereist, sie ließ mich ganz allein.
Die Furcht vor einem Asthmaanfall ist der Grund,
Daß ich bei Tag und Nacht behütet werde;
Hilflos – allein – ich bin ein armer Hund!

Die Eva hat sich mir als ›*Schwester*‹ *angeboten.*
›*Was sagt dein Mann dazu?*‹ *sprach ich zu ihr.*
›*Nichts!*‹ *sagte sie,* ›*er hat da keine Zweifel.*
Auch ich halt' Sie für einen Kavalier!‹

Ja, Kavalier, das will ich sein!
Es wär' zwar schön mit so 'ner jungen Frau, doch nein!
O nein! Ich will ein Ritter sein!

Hier hast du wieder deine Frau, so sag' ich,
Wenn die meine kommt zurück.
Die weiß es, daß ich treu geblieben!
Bin doch schon Fünfzig – und das ist ihr Glück!

Ein solches Gelöbnis, wenn auch augenzwinkernd formuliert, konnte wohl nur jemand als notwendig erachten, von dem bekannt war, daß er sich der Beherrschung seiner Leidenschaften nicht immer ganz sicher war. »Es wär' zwar schön mit so 'ner jungen Frau, doch nein! ... Bin doch schon Fünfzig – und das ist ihr Glück!«

Welchen Verlauf hätte das Ereignis wohl genommen, wäre Eva Friedrich, die – leicht mollig – übrigens Valentins Idealvorstellung von einer schönen Frau ziemlich nahe kam, nicht verheiratet gewesen. Schließlich hinderte Valentin sein fortgeschrittenes Alter nicht daran, zu dieser Zeit ein Verhältnis mit der 14jährigen Jungschauspielerin Anne-Marie Fischer zu beginnen. Vielleicht aber lenkte gerade dieses Mädchen den Komiker von anderen möglichen »Dummheiten« ab, so daß es ihm nicht besonders schwer fiel, das angeführte »Gelöbnis« zu leisten und auch zu halten.

Eva Friedrich starb am 25. November 1988 im Alter von 83 Jahren in Planegg.

Die Schreibkraft

Juliana Ueblacker

»Früher waren wir jung und schön, heute sind wir nur noch ›und‹«, meinte die 80jährige Juliana Ueblacker in einem Gespräch mit dem Autor dieses Buches über sich und ihre 79jährige Schwester, mit der sie zusammen ein über hundert Jahre altes Haus in Planegg bewohnt, das unweit vom Valentin-Haus steht. Früher waren sie also sozusagen Nachbarn der Valentins. Das Ueblacker-Haus hatte 1895 der Schlossermeister Egid Ueblacker gemeinsam mit seinem Sohn Max für dessen vielköpfige Familie – darunter seine fünf Töchter – in der Bräuhausstraße 16 nebst Werkstätte gebaut. Bei den Bauarbeiten verunglückte der Großvater tödlich, als er vom Gerüst stürzte.

Juliana wurde am 6. Mai 1916 geboren. Ins Gemeindebuch wurde sie als »Berta« – so benannt nach der »dicken Berta«, einem berühmten Geschütz – eingetragen, im Kirchbuch aber steht sie als »Juliana«, vom Vater wurde sie ohnehin nur »Gwachs« [Heranwachsende] gerufen. Im Alter von etwa 24 Jahren lernte sie den 34 Jahre älteren Karl Valentin näher kennen. Der schlug ihr eines Tages

Juliana Ueblacker im Alter von etwa 22 Jahren

vor, für ihn Schreibarbeiten zu übernehmen. Der »Vale«
war im Ueblacker-Haus nicht sonderlich gerne gesehen,
ebensowenig übrigens bei anderen PlaneggBürgern.
Vor allem die Männer hielten »den Blödsinn« des Komikers für »einen Schmarrn«, und es gelang ihnen vielfach
nicht, seinen hintergründigen Witz zu verstehen.
Dennoch willigte Julie Ueblacker ein, für Valentin Texte
in die Schreibmaschine zu tippen, und von nun an kam
sie des öfteren ins Valentin-Haus. Solche Tätigkeiten
empfand man in den Kriegs- und Nachkriegsjahren »als
Nachbarschaftshilfe«, bemerkte Juliana Ueblacker. Bisweilen
len gelang es ihr nicht, Valentins Schrift zu entziffern, was
ihr den Rüffel eintrug: »Du bist ja bläd, wennsd des net
lesen kannst.« Während sie schrieb, musizierte er gelegentlich auf seiner Zither. Fror Valentin an den Füßen,
kam es schon einmal vor, daß er seine Socken in warmes
Wasser legte, sie danach auswand und feuchtwarm wieder
anzog. Hin und wieder gab ihm das junge Mädchen auch
ein paar Tips für seine Szenen. Da meinte Valentin, auch
im Hinblick auf die frische, freche Art des Mädchens:
»Das is net schlecht, was du da sagst! Du bist engagiert.«
Und wie Juliana versicherte, hatte er durchaus die Absicht, sie nach einer erhofften Wiedereröffnung der Ritterspelunke dort auftreten zu lassen.
Bald war Juliana als billige Schreibkraft ein gerngesehener
Gast im Hause Valentin. Kam sie mitunter nicht freiwillig, lockte er sie beispielsweise mit einem »feinen Likör«,
der sich dann allerdings als einfacher Himbeersaft entpuppte. Das Mädchen hatte Valentins meist handschriftlich notierte Texte, etwa für die »Ritterspelunke«, zu tip-

pen, aber auch Briefe, wie die geschickt formulierten Bettelbriefe an Zigarettenfabrikanten, die wohl jenem vom 8. Dezember 1946 an den Zigarettenhersteller Sommer glichen. In ihm kündigte Valentin launig einen Diebstahl in dessen Fabrik an und bat ihn der Einfachheit halber um die Auslieferung der Fabrikschlüssel. »Ich habe im Sinn, nur 200 Zigaretten zu rauben, um Ihren Lagerbestand nicht zu sehr zu schwächen ... Falls der Einbruch nicht gelänge, werde ich statt einen Einbruch einen Ehebruch ausführen und zwar an Ihrer Gemahlin. Den Einbruch, wie den Ehebruch könnten natürlich nur Sie allein verhindern, wenn Sie sich freiwillig zu dieser hier in Frage kommenden Weihnachtslieferung [an Zigaretten] bekennen würden.« Da Juliana gelegentlich Zigaretten zu günstigen Bedingungen aus Österreich erhielt – »da bekam man das doppelte Quantum wie bei uns« –, kam der Komiker immer wieder ins Ueblacker-Haus und erbat sich von den Eltern oder direkt von »den Madln« ein paar der von ihm heißgeliebten Glimmstengel. »Besonders die sogenannten ›Halbe Fünf Zigaretten‹ – ich glaub die waren von einer Firma Reemtsma – wurden von ihm besonders geschätzt.« Im Winter, als wegen Stromsperre einmal die Türklingel ausgefallen war, polterte Valentin mit den Füßen gegen die Tür des Ueblacker-Hauses. Empört öffnete die Hausfrau, worauf Valentin entschuldigend meinte: »Wenn's draußen kalt gnua gwesen wär, hätt ich scho mit da Rotzglockn gläut.«

Juliana Ueblacker bekam ihr spärliches Honorar in Form von eigenwilligen Sachwerten »ausbezahlt«, denn Geld war in der Nachkriegszeit Mangelware. Gegenstände des

Alltags waren daher sehr begehrt. So erhielt Julie einmal von Valentin den rechten Ärmel einer seiner blauen, auf Taille geschnittenen Bühnenuniformen. »Den anderen Ärmel kriegst später«, soll er ihr versprochen haben; auf ihn wartete sie aber vergeblich. Ein andermal fragte Valentin: »Du brauchst doch sicher auch Strümpf, oder nicht? Die kosten heut leicht 200 Mark. Wenn 's Mädi [Valentins Tochter Berta] wieder mal welche kriagt, na schenk ich s'dir.« Auch Stoffreste erhielt sie. Aus ihnen ließen sich mit etwas Geschick neue Textilien, vor allem für Kinder, fertigen.

Mitunter vergriff sich Valentin sogar am Geschirr seiner Frau, etwa an Tellern und einmal auch an einer Kaffeekanne. Als Julie Ueblacker diese Zuwendungen heimlich Valentins Frau zurückbrachte, um nicht in schlimmen Verdacht zu geraten, fragte diese entgeistert: »Ja, woher hast du jetzt des?« Juliana sagte ihr die Wahrheit, bat sie aber, die Geschichte für sich zu behalten. Doch der Frau des Komikers scheint es nicht gelungen zu sein, sich zu beherrschen, wie der folgende Brief an Juliana Ueblacker, der hier übrigens mit ihrer freundlichen Genehmigung erstmals veröffentlicht ist, beweist.

Wie viele Bürger während des Krieges konnte auch Valentin in finanzieller Hinsicht keine großen Sprünge machen. Einmal ließ er seiner Schreibkraft von der in seinem Haus wohnenden Frau Faichtle einen alten schwarzlackierten Tisch im Chippendalestil für 20 Mark zum Kauf anbieten. Juliana erwarb das Möbelstück, und noch heute ist sie die stolze Besitzerin des inzwischen renovierten, schön gemaserten Schmuckstücks, das sie des öfteren teuer hätte verkaufen können.

»Fang mir bloß nix mit dem Valentin an«, mahnte die Mutter ihre Tochter, wenn sie wieder einmal ins Valentin-Haus hinübergerufen wurde. Julie berichtete Valentin treuherzig von dieser Warnung, worauf der Komiker zu Julies Mutter ging und meinte: »Da brauchen S' koa Angst habn, Frau Ueblacker. D'Julie is mir viel z'dürr.«

Fräulein Julie war eine energische Person und blieb Valentin bei Gesprächen keine Antwort schuldig. Da er alles andere als zuvorkommend war, ging auch sie nicht gerade zimperlich mit ihm um. Einmal meinte die junge Frau: »Du, wennst ins Feuer neischaust, dann geht's glei aus.« – »Ja, warum des?« wollte Valentin wissen. »Mei«, antwortete das Mädchen vorlaut, »weilst so schee bist.« Ein anderes Mal sagte Valentins Schreibkraft zu dem hypochondrisch veranlagten Komiker: »Du kannst aa bloß noch zwoa Krankheitn kriang: an Hautausschlag und an Knochnfraß.« Valentin habe auf diesen Vorwurf hin so ausgesehen, als sei er sich in diesem Augenblick nicht sicher gewesen, ob er an diesen beiden Krankheiten nicht vielleicht schon leide.

Eines Abends zog es Fräulein Julie vor, in der Planegger Bahnhofstraße zu flanieren, statt für Valentin etwas zu schreiben, worum er sie gebeten hatte. Aber das Rendezvous mit einem feschen Flakhelfer war ihr wichtiger. Da sei Valentin daherspaziert und habe die beiden gesehen. Wohl um ihr eine Lektion zu verpassen, habe er quer über die Straße geschrien, so daß es alle Leute hören konnten: »Du brauchst mir gar net ausweichn, i hab dich scho gsehn. Für unsern Schratzn [Kind] zahl ich aber deswegn doch keinen Pfennig!« Darauf habe sie ihm frech geantwortet: »Des brauchst auch nicht, weil der Schratzn wird ohne dich auch groß!« Manche der Passanten mochten wohl geglaubt haben, daß Fräulein Ueblacker ein Kind von Valentin habe, für das der Komiker aber keine Alimente zahlen wolle.

War Juliana als Schreibkraft nicht greifbar, übernahm bisweilen die Planeggerin Liesl Weismann deren Arbeit.

Noch an einen weiteren Vorfall konnte sich Juliana Ueblacker erinnern. Zu seinem 60. Geburtstag hatte Valentin einen ganz besonderen Glückwunsch erhalten. »Wer moanst, daß mir a Telegramm gschickt hat?« fragte er triumphierend. Fräulein Julie hatte keine Ahnung. »Da schau her, da Hitler höchst persönlich!« Und schmunzelnd legte er das Glückwunschschreiben auf den Tisch zurück. Nach dem Krieg schrieb Werner Friedmann in der *Süddeutschen Zeitung* vom 22. März 1946 in seiner Lokalspitze unter dem Titel »Der weise Komiker« unter anderem folgendes:

»... Wir sprachen von mancherlei Dingen, vom Salvator, von Zigaretten und von Komikern. ›Ein Komiker muß immer neutral sein‹, sagte der Valentin weise. Und er fügte eine Erklärung hinzu, der zuliebe diese kleine Betrachtung geschrieben werden muß: ›Wiss'n S', i bin koa Held. Des war ganz einfach a Massl, daß i net bei der Partei war. Niemand hat's von mir verlangt, und von selber wär i nia dazua ganga. A Komiker muaß halt neutral sei. Aber wenn mi oaner zwunga hätt', dann war i halt wahrscheinli a neiganga, weil i mi g'fürcht hätt', daß mi ei'sperrn. I bin natürli immer de Gwappelten [den angesehenen Mitgliedern der Partei] aus'n Weg ganga, und wenn a Zeitung ham wollt, daß i was Lustigs gegan Churchill schreib, hab i g'sagt, davon versteh i nix. Denn a Komiker, der soll neutral sein. Und wia ma da Hitler zum 60. Geburtstag a Tele-

gramm g'schickt hat, da bin i net zum ›Völkischen Beobachter‹ ganga, um das in d'Zeitung setzen zu lassen, sondern i hab des Telegramm sche stad in Papierkorb g'worfa.
Weil – a Komiker soll neutral sei, verstengan S'?‹«
Auf diesen Zeitungsbericht hin sprach Juliana Ueblacker
Valentin sofort an: »Aber du hast doch des Telegramm
gar net in Papierkorb g'worfen?« Da winkte Valentin
grantig ab. »A gä«, sagte er, »was willst denn mit dene Zei-
tungsschmierer? Muaßt net alles glaubn, was da drin
steht.« Von diesem Vorfall darf allerdings keinesfalls abgeleitet werden, Valentin sei ein Hitler-Verehrer gewesen.
Als er beispielsweise einmal einen Brief mit »Heil Hitler –
Karl Valentin« unterzeichnet hatte und von seiner zweiten Partnerin Anne-Marie Fischer daraufhin zur Rede gestellt wurde: »Was, du schreibst Heil Hitler?«, setzte er
lächelnd hinter seinen Namen schnell noch »Komiker«.
Als 1946 Julianas Mutter starb, fehlte Valentin bei der Beerdigung, brachte aber kurz darauf ein schönes Blumen-
bouquet für das Grab mit der Bemerkung: »Woaßt, Leit,
die ich gern mögn hab, zu denen kann ich net zur Beerdigung gehn. Außerdem«, fügte er lächelnd hinzu, »kommt
sie ja aa net zu meiner Beerdigung.«
Juliana Ueblacker konnte mit Valentin nur einige Jahre ihre Erfahrungen sammeln. Auf die Frage, was sie an dem
Komiker denn besonders beeindruckt habe, antwortete
die 80jährige versonnen: »Mei, daß er so verrückt war, so
seltsam, a ganz eigener Mensch war er. Mir habn uns vui
angschnauzt, aber aa immer wieder guat verstanden.«

Die Enkelin »Helmi«

Wilhelmine Berta Freilinger

Auch die Enkelinnen Valentins behielten ihren mitunter recht eigenartigen Großvater in Erinnerung und wußten so manches über ihn zu berichten. Siebenundvierzig Jahre jung war Valentin, als Wilhelmine Berta Freilinger am 25. November 1929 als zweites Kind der ältesten Tochter Valentins in Aufhausen zur Welt kam. Ihr Bruder Lothar war um zwei Jahre älter, ihr Bruder Ernst um ein Jahr jünger. Wilhelmine Berta wurde »gemäß der Familientradition ›Mädi‹« gerufen. Bei Aufenthalten in Planegg gab ihr Valentin allerdings den Kosenamen »Helmi«, um Verwechslungen mit seiner Tochter Berta auszuschließen, die gleichfalls »Mädi« genannt wurde.

Als Gisela Freilinger mit Helmi 1932 nach München kam, schenkte Valentin seiner Enkelin bei einem Bummel über die Auer Dult eine wunderschöne Puppe, die er »für den damals horrenden Preis von 64 Mark ... gekauft hatte«, wie sich die Mutter später erinnerte. Langsam wuchs auch Helmi dem Großvater ans Herz, wenngleich die Bindung zu ihr – allein schon wegen der räumlichen Distanz – nie so eng werden konnte wie das Verhältnis Valentins zu seiner Planegger Enkelin Anneliese. Einige bemerkenswerte Episoden zwischen Helmi und Valentin sind von Gisela Freilinger in deren Lebenserinnerungen überliefert.

So machte sie sich in Begleitung ihrer 17jährigen Tochter Helmi nach dem Zweiten Weltkrieg im Planegger Haushalt als Köchin nützlich, nachdem Valentin den telegrafischen Hilferuf gesandt hatte: »Liebe Gisela, komm, ich bin am Verhungern.« Valentin war sich nämlich sicher, daß die herbeigerufenen Landkinder auch etwas Fleisch organisieren konnten und damit in der Lage waren, den kargen Speisezettel der »Stadtmäuse« aufzubessern. Damals verbrachte Helmi ein halbes Jahr in Valentins Haus und half bei den anfallenden Hausarbeiten wie Kochen und Bügeln.

Schon am ersten Besuchstag, als Helmi bald nach dem Abendbrot zu Bett gehen wollte, meinte Valentin: »Du mußt ja fett werden; denn du machst es wie die Säue: fressen und schlafen und sonst nix.« So grob war Valentin aber nicht immer, im Gegenteil, er weitete die Fürsorge für seine engsten Familienangehörigen schon bald auch auf seine Enkelin Helmi aus. Besuchte diese etwa abends gelegentlich eine Kinovorstellung in Planegg, ermahnte sie der Großvater: »Helmi, nimm ja einen Schlagring mit und komm nach der Vorstellung sofort wieder heim.« In kurzer Zeit schon wuchs sich diese Bevormundung zu einem förmlich eifersüchtigen Verhalten aus. So verjagte Valentin einmal mit wüsten Drohungen einen Verehrer Helmis, der vor dem Haus zu promenieren wagte. Ein anderes Mal, als das Mädchen vom Milchholen kam und um

Valentins Enkelin Wilhelmine Berta Freilinger im Alter von 18 Jahren

Einlaß bat, da es den Hausschlüssel vergessen habe, fragte Valentin durch die geschlossene Tür: »Was wollen Sie denn?« Die Enkelin rief verwundert: »Opa, ich bin's doch, die Helmi, laß mich rein!« – »Da sind Sie ganz falsch«, erwiderte Valentin. »Der wohnt nebenan!« Mit diesen Worten ließ er sie stehen, bis die anderen Mitglieder der Familie Helmi schließlich die Türe öffneten.

»Auch mit seiner Gipsbüste erschreckte er das Mädchen«, berichtet Gisela Freilinger, »genau wie er es mit mir dreißig Jahre vorher getan hatte. Bei Helmi baute er aus der Büste, einer Stafflei und Tüchern ein Gespenst in einer dunklen Kellerecke auf, und er freute sich königlich, als er die Schreckensschreie des Teenagers aus dem Keller heraufhallen hörte.«

In besonderer, schier unglaublicher Weise zeigte Valentin seine Eifersucht während einer Zugfahrt zum Münchner Oktoberfest. Ein junger Mann, der zufällig mit im Abteil saß und von dem Valentin glaubte, er habe es auf seine Enkelin abgesehen, wurde von dem Komiker gefragt, ob er ihn denn nicht auf seinen Schoß sitzen lassen wolle, da die Holzsitze im Zug so furchtbar hart seien. Da der Angesprochene keine Anstalten machte, ihm diesen eigenartigen Wunsch zu erfüllen, meinte Valentin: »Gell, wenn meine Enkelin hier auf Ihrem Schoß sitzen wollte, da würden Sie sofort ja sagen. Aber die kriegen Sie nicht.« Als Helmi geniert ans Fenster trat und verlegen hinausschaute, fühlte sie »an ihrer Wade etwas Warmes, Nasses. Sie blickte hinab und bemerkte, daß sie angespuckt worden war.« Als sie an ihren Opa die Frage richtete, ob er das gewesen sei, leugnete dieser »mit unschuldigem Blick:

›Nein, der Herr da war's!‹« Der junge Mann beteuerte entrüstet seine Unschuld und verließ fluchtartig das Abteil.

Nach ihrer Rückkehr soll Valentins Enkelin Helmi in Aufhausen kopfschüttelnd geäußert haben: »Das ist ja ein Narrenhaus da droben in Planegg. Ich mag nicht mehr dorthin.« Sicher gaben Valentins Eigenheiten dem Mädchen Anlaß zu diesem zweifellos begreiflichen Urteil.

Die Planegger Enkelin

Anneliese Kühn

Valentin hatte sie »zum Auffressen gern«, wie er gestand, tat es aber nicht. Die Rede ist von seiner Enkelin Anneliese. Fünf Jahre vor der Hochzeit brachte 1939 Valentins Tochter Berta, die erst 1944 Eduard Böheim das Jawort gab, die kleine Anneliese zur Welt. Die erste, die von der Schwangerschaft Nachricht erhielt, war nicht die Mutter, sondern die Sekretärin Eva Friedrich. Bertl scheute sich zunächst, den Eltern zu beichten, daß sie sich in anderen Umständen befand, obwohl sie einst selbst auch unehelich geboren worden war. Als es zur Geburt kam, war Valentin ganz aus dem Häuschen. »Um Gottes willen«, stöhnte er, »des hält ja 's Mädi gar net aus.« Als sie es doch tat, konnte man einen beeindruckten Großvater erleben. Etwa 1941 schrieb Valentin seinem künftigen Schwiegersohn, der im Feld stand, über dessen damals zweijährige Tochter Anneliese:

Lieber Herr Schwiegersohn!
Mein lieber Herr Hauptmann!
Man könnte auch statt Herr Hauptmann Herr ›Kopfmann‹ schreiben, denn statt Haupt sagt man ja auch Kopf ... Die kleine Anneliese, Ihre Tochter ist schon ein strammes Frauenzimmer geworden. Sie werden damit ihre Freude haben! Wir lieben sie alle, und trotzdem sind wir herzlich froh, wenn Sie kommen, denn zu dritt können wir sie, wenn sie einen Wutanfall bekommt, kaum zähmen! Oft ist es schon vorgekommen, daß wir in den Zoo telefonierten um einen Tierbändiger, der Ihr Kind nach hartem Kampf ins Kinderbettstattl hineinbeförderte. Raffiniert, grob, jähzornig, rechthaberisch, hundsgemein und dergl. – das sind zurzeit ihre hervorstechendsten Eigenschaften. Und trotzdem ist sie dabei so lieb und nett, daß wir oft kanibalische Anwandlungen unterdrücken müssen, da wir sie manchmal aus Liebe auffressen könnten! Nach Zigaretten hat Anneliese noch kein Verlangen – umsomehr nach Bier. Sie nippt nicht, sie sauft schon, und die Großmutter meint: ›Genauso wie ihr – und so weiter und so weiter!‹ ...

Aus dem Jahre 1942 ist folgender Anzeigenentwurf des Komikers bekannt: »Das Enkelkind unsres Mitarbeiters Karl Valentin, Anneliese, feierte im vergangenen Jahr ihren zweiten Geburtstag in völliger geistiger und körperlicher Frische. Der blutjungen Greisin wurden allerlei Geschenke dargebracht.«
Valentins zweite Partnerin Anne-Marie Fischer, die gelegentlich bei Valentin in Planegg zu Besuch war, hatte ebenfalls Kontakt zu Anneliese. Bisweilen, so berichtet sie in ihren Erinnerungen, habe Frau Valentin Sorge um ihre Enkelin gehabt, »die damals an Erstickungsanfällen

Valentins Enkelin Anneliese Kühn im Alter von etwa acht Jahren

litt. Einmal gelang es mir«, notierte Anne-Marie Fischer, »das Kind, das bereits blau angelaufen war, durch spontane Behandlung mit kaltem Wasser wieder zum Atmen zu bringen, worauf ich ein großes Lob vom Arzt erhielt.« Anneliese Kühn dementierte diese Aussage, gestand aber zu, daß sie gelegentlich zu gewaltigen Wutausbrüchen neigte – von denen auch Valentin in dem Brief an seinen Schwiegersohn berichtete –, wobei das Gesicht rot angelaufen sei wie der Drossellappen von einem Puter.

Anneliese Kühn erinnerte sich später daran, daß sie ihr Großvater besonders gerne »getratzt«, also scherzhaft geärgert habe. »Da gab es zum Beispiel das ›Kissi-Spiel‹. Der Opa ist mir dann immer mit einem Kissen nachgelaufen und wollte mir das aufs Gesicht drücken. Wenn ich davonlief, grinste er diebisch. Manchmal erwischte er mich aber doch. Wahrscheinlich kommt daher meine Platzangst.«

»Mein Enkelkind geht nun seit einem Jahr in den Kindergarten«, schrieb Valentin in einem Feldpostbrief 1944 den Soldaten an die Front. »Die Kinderschwester ist schon eine ältere Dame und läßt Euch ebenfalls herzlich grüßen. Auch ich grüße Euch ebenfalls aus der Heimat, mit dem Wunsche, daß Ihr mich auch nach dem Kriege alle einmal besuchen möget; aber bitte nicht alle auf einmal, denn für Millionen heimkehrender Soldaten habe ich nicht Platz in meiner Wohnung.«

Fast täglich brachte Valentin seine Enkelin in den Kindergarten in der Pasinger Straße, wenn es der Mutter infolge ihrer beruflichen Tätigkeit als Graphologin nicht möglich war. Als er einmal mehrere Tage ausblieb, erkundigte sich die Kindergärtnerin, eben jene »ältere Dame«, besorgt, ob er krank gewesen sei. Da meinte Valentin: »Ich hab eine Augenbrauenentzündung g'habt.« – »Ja, wie ist denn das passiert«, wollte die Kinderschwester wissen. »Ja mei, i bin mir mit den Stiefelspitzen drauftreten. Gell, was net alles gibt.«

Eines Tages brachte Valentin ein junges Kätzchen mit nach Hause. Er hielt es unter seiner Jacke versteckt und holte es ganz langsam hervor, um die Spannung zu erhöhen. Die kleine Anneliese sah mit wachsender Neugier zu. »Schau«, sagte der Opa, »a kloane Miezekatz. Und woaßt, wias hoaßt?« Anneliese schüttelte den Kopf, worauf Valentin mit Grabesstimme röhrte: »Die hoaßt Pluuutooo.« Überhaupt erlebte die kleine Anneliese Valentin als sehr tierlieben Menschen. »Er hat sich jedes Tier anfassen traun, sogar Regenwürmer, Spinnen und Kröten. Nur vor Wespen und Kreuzottern hat er Angst g'habt.«

Zum Schulanfang bekam Anneliese von Valentin einen selbstgefertigten hölzernen Schulranzen. Er war grün angestrichen und mit einem Lederdeckel zu verschließen. Valentin bastelte für seine Enkelin auch hübsche Spielsachen, etwa einen bunt bemalten Holzkreisel oder einen »Strickspringer«, worunter ein Springseil mit hölzernen Haltegriffen zu verstehen ist. Besonderen Gefallen hatte Anneliese an Valentins winzigen Drechselarbeiten, etwa an den apfelkerngroßen Figuren eines Mini-Kegelspiels. Als Valentin diese Miniaturen seiner Frau zeigte, meinte diese zögernd: »Jaa ...« – »Was hoaßt da ja«, unterbrach sie Valentin sofort, »steckt bestimmt wieder ein ›aber‹ dahinter.«

Auch für die Nachbarn in Planegg fertigte Valentin

Drechselarbeiten. Vor allem betätigte er sich ab 1941 aber als Scheren- und Messerschleifer. Das Honorar dafür ließ er sich nur in Zigaretten auszahlen. »Sogar Kropftee hat er g'raucht«, versicherte Anneliese Kühn, »denn oft hat's keinen Tabak mehr gebn.« – »I kann mei Fesol [Asthmamittel] nicht nehmen, wenn i net vorher was g'raucht hab«, gab er als Begründung an.

Im Haus lief Valentin fast immer mit Hut herum. Nicht einmal wenn er auf die Toilette ging, nahm er die Kopfbedeckung ab. Manchmal kam er aus dem Klosett mit dem Fetzen einer Zeitung. Während des Krieges verwendete man nämlich alte Zeitungen als Toilettenpapier. »Da lies«, sagte er dann zu seiner Frau, »fällt dir nix auf?« Natürlich fiel Frau Valentin nichts auf. »Schau doch, da«, rief Valentin empört, »siehst nicht den Fehler da unten?« Und er zeigte ihr einen Druckfehler, den er soeben während seiner »Sitzung« entdeckt hatte.

Anneliese ist noch heute überzeugt, die Freude an Lausbübereien von ihrem Opa geerbt zu haben, wenngleich ihre Kindheits- und Jugendstreiche nicht annähernd so ausgelassen waren wie die seinen. In der Klosterschule der Englischen Fräulein beispielsweise durfte sie, da sie eine Armbanduhr besaß, jeweils am Ende einer jeden Unterrichtsstunde die Glocke läuten. Bei Probearbeiten zögerte sie diesen Termin auf Bitten ihrer Klassenkameradinnen aber immer so weit wie möglich hinaus. Und an einem heißen Sommernachmittag schickte sie kurzerhand ihre Mitschülerinnen mit der Begründung heim, es sei heute hitzefrei.

Zu Hause sang die kleine Anneliese mit ihrem Großvater

Moritaten, so etwa »Der Taucher«. Valentin begleitete sie dabei auf der Zieharmonika oder seiner Zither. Dazu intonierte er meist die zweite Stimme, was Anneliese rasch aus dem musikalischen Gleichgewicht zu bringen pflegte. »Jetzt kann sie's schon wieder nicht«, grantelte er dann. »Lustig war immer, wenn die Großmutter sang und der Opa jaulte wie ein Hund«, versicherte die Enkelin. Von ihm erfuhr sie übrigens auch, daß die Mehrzahl von Fagott »Fagötter« hieße.

Nachdem sie lesen gelernt hatte, schmökerte Valentins Enkelin nicht nur gerne in den Büchern von Karl May, sondern auch in denen ihres Großvaters. Noch in späteren Jahren trug sie immer wieder im Kreis ihrer Familie – beispielsweise am Heiligen Abend – etwas daraus vor.

»Zum Essen«, wußte Anneliese Kühn zu berichten, »hat der Opa gerne ein Stück trockenes Brot gehabt. Seinen Kaffee oder Tee hat er am liebsten aus seiner Blechtassn getrunken. Bier hat's selten gegeben, höchstens einmal eine Halbe zum Mittagessen.«

Valentins Enkelin erinnerte sich des weiteren an die ständige Angst ihres Großvaters vor Einbrechern. Deshalb hatte er ein Loch von der Werkstatt in die Küche gebohrt und eine Schnur hindurchgeführt. Das eine Ende der Schnur hatte er an die Klinke der Werkstatt gebunden, das andere Ende an einen Blecheimer in der Küche. Hätte jemand versucht, in die Werkstatt, in der sich Valentins heißgeliebte Drehbank und allerhand wichtige Schreinerutensilien befanden, gewaltsam einzudringen, wäre der Eimer krachend umgestürzt und hätte alle Hausbewohner geweckt. Darüber hinaus hatte Valentin außen an

Anneliese Kühn mit Valentins Ururenkel Valentin

der Werkstattür zwei Schilder angebracht. Auf dem einen stand »Metzgermeister Keller«, auf dem anderen »Wachtmeister Rembremerdeng oder so ähnlich«, wie Anneliese Kühn mitteilte. Der Komiker glaubte, mit diesen Warnschildern mögliche Einbrecher abschrecken zu können, da sie sich zweifellos vor den langen Messern fürchteten, die der Metzger im Falle eines Einbruchs bedenkenlos zu seiner Verteidigung einsetzen würde. Auch eine drohende Verhaftung durch den angeblich hier hausenden Wachtmeister hielt er für nicht weniger abschreckend. Zudem hatte Valentin eine Sirene am Haus installiert und regelmäßig die Türen mit Ketten verriegelt.

Bei den kleinsten Geräuschen begab er sich aber todesmutig, bewaffnet mit einem Revolver, in den Garten, um nach dem Rechten zu sehen. »Ich benötige denselben [gemeint ist der Waffenschein]«, wie Valentin kurz nach Beginn des Krieges an die Polizeidirektion München schrieb, »weil ich mich in Ausübung meines Berufs genötigt sehe, spät abends noch unterwegs zu sein; außerdem besitze ich in Planegg ein kleines Häuschen, in das ich oft erst bei Dunkelheit komme und in das der Weg durch einen Vorgarten führt. Da in Planegg in den letzten Jahren viel vorgekommen ist, getraue ich mir bei Dunkelheit das Grundstück nicht mehr ungeschützt zu betreten. Im übrigen bin ich seit 15 Jahren im Besitz eines Waffenscheins und habe noch nie damit Mißbrauch getrieben.«

»Manchmal hat mein Opa in der Nacht einen Asthmaanfall gehabt«, erinnerte sich Anneliese Kühn. »Dann ist er meistens wach geblieben und hat im Bett drin mit seinem Bleistiftstummel neue Einfälle aufnotiert. In der Früh hat er dann die Texte seiner Tochter, also meiner Mutter, vorgelesen. ›Horch mal zua‹, hat er sie aufgefordert, und dann hat sie sein neuestes Werk hören dürfen.«

Die Enkelin bestätigte auch jene häufig erwähnte Tatsache, daß ihr Opa im Garten eine Guillotine aufgestellt habe. Als er gefragt worden sei, wozu das gut sein solle, habe er geantwortet: »Daß 's Kind [gemeint war die Enkelin Anneliese] was zum Spieln hat. Da sind fei 200 Personen damit köpft wordn.« Auf der Wiese vor dem Haus ließ

Valentin das Kind hingegen nur ungern herumtoben. »Weißt, da könnten Nägl drinn liegn, in die du dann leicht neitrittst«, warnte er sie.

Während der Kriegsjahre lebten im Valentin-Haus in Planegg 14 Menschen: die Familie Faistle, bestehend aus einem Ehepaar und den beiden Großeltern, die Familie Glotz, ein Ehepaar mit drei Kindern, dazu Karl Valentin mit seiner Frau, seine Tochter Bertl und deren Tochter Anneliese, schließlich noch eine Freundin der Frau Valentin. Nach dem Krieg wurde außerdem Fräulein Riedl, eine Flüchtlingsfrau, einquartiert. Da sich Valentin großenteils in seiner Werkstatt aufhielt, fühlte er sich von dieser Menschenansammlung nicht besonders gestört. Kam während der Kriegsjahre im Planegger Haus gelegentlich auch einmal Heiterkeit und Freude auf, grantelte Valentin sofort: »Was gibt's denn da zum Lachn. Nicht einmal ich als Komiker bin doch heutzutag noch lustig!«

Wenngleich Valentins oft absonderliche Verhaltensweisen und seine vielfältigen Ängste die erwachsenen Familienmitglieder wohl mehr zu erheitern als zu beunruhigen vermochten, so hinterließen sie in der kindlichen Psyche der kleinen Anneliese durchaus deutliche Spuren. Dennoch liebte ihn das Kind sehr, gestattete ihr doch der Komiker sogar, mit seinen Bühnenrequisiten zu spielen.

Als Anneliese acht Jahre alt war, starb der geliebte Großvater. Kurz zuvor hätte sie beinahe noch einen seiner Auftritte im »Bunten Würfel« miterleben dürfen, wozu er sie eingeladen hatte. An seiner Beerdigung durfte sie nicht teilnehmen, da die Eltern der Ansicht waren, sie sei dazu noch zu jung. Heute lebt die Enkelin als Erbin seines

Nachlasses im Valentin-Haus in Planegg, in dem sie auch etliche Erinnerungsstücke an den großen Komiker aufbewahren darf. Das Glanzstück im Haus ist jedoch Valentins vierjähriger Ururenkel, der wie sein bedeutender Ahne den Namen Valentin trägt. Der kleine Valentin sieht dem großen Valentin übrigens recht ähnlich, wie ein Vergleich mit dessen Kinderbildnissen deutlich zeigt.

Geliebte und andere Frauen

Von Lotte Lang bis Fräulein St.

Einmal wurde Valentin von der Mutter der bekannten Münchner Karikaturistin Franziska Bilek gefragt: »Herr Valentin, Sie müssen in Ihrem Leben schon ein bisserl ein Bazi gewesen sein, was die Frauen betrifft – wieviel hams' denn schon unglücklich gemacht?« Valentin drehte die Augen zur Zimmerdecke und fing zu rechnen an. Dann meinte er: »Ja, so dreitausendmal werd's scho g'wesn sei ...« Nun, ganz so viele werden es wohl nicht gewesen sein, aber »ein bisserl ein Bazi« war Valentin in dieser Hinsicht schon.

Valentins Frau und seine Tochter Berta waren eifersüchtig auf die Liesl Karlstadt, diese eiferte wiederum mit Anne-Marie Fischer, die ihrerseits nicht besonders gut auf die Karlstadt zu sprechen war. Als »stutenbeißig« bezeichnete Kurt Wilhelm treffend das Verhältnis der Frauen untereinander. Diese Animositäten belasteten Valentin einerseits, wie sie ihm andererseits schmeichelten. Sie gaben ihm das Gefühl, der Hahn im Korb zu sein. Abgesehen von seiner Beziehung zu dem »Triumfeminat« Ehefrau-

Karlstadt–Fischer ging Valentin gelegentlich noch mit einigen anderen Damen Verhältnisse ein, wenngleich diese oft nur von kurzer Dauer und nicht besonders leidenschaftlich gewesen zu sein scheinen.

Eines der frühesten erhaltenen Dokumente in dieser Hinsicht ist ein Brief an die Schauspielerin und Sängerin Lotte Lang, zu der Valentin ein herzliches Verhältnis hatte, wie sein Schreiben vom 28. Januar 1933 an sie vermuten läßt:

»Sehr geehrtes Fräulein Lotte Lang!
Gestern habe ich ihren lieben Brief bekommen. Wer hat Ihnen gesagt, dass ich Briefmarkensammler bin? Ich sammle nur Briefmarken; ... Vorher hatte ich eine Mädchensammlung, aber die gab ich wieder auf, da es den Anschein hatte, es wär ein ›Buff‹. ... Ich liebe Sie noch immer wie Immer (bitte Herrn Einstein nichts davon merken lassen) ...«

Auch bei auswärtigen Gastspielen wird dem Komiker der Kontakt zu anderen Frauen nachgesagt. So habe er während eines seiner Berliner Gastspiele – vielleicht während des zweimonatigen Aufenthaltes 1935/36 – eine auffallend korpulente Freundin an seiner Seite gehabt, die es allerdings mit der Treue nicht so genau genommen haben soll. Valentins Planegger Schreibkraft Juliane Ueblacker hatte ebenfalls Kenntnis von dieser Tatsache. »Das Foto von ihr«, erzählte sie, »hat er immer in seiner Brieftaschn g'habt. Es war a ganz a Dicke mit am Fuchspelz um an Hals. Sie hat sogar in einem seiner Filme mitgspuit. Da is sie in einer Schiaßbudn zum sehn.« Gemeint ist wohl der

Foto einer unbekannten Dame (aus Valentins Brieftasche)

1934 gedrehte Valentinfilm »So ein Theater«, in dem eine
vollschlanke Sängerin auftritt. Tatsächlich fand sich in Valentins Brieftasche das zerknitterte Bild einer gewichtigen
jungen Dame mit Fuchspelz, bei der es sich vermutlich
um seine Freundin aus Berlin gehandelt haben dürfte. Als
Valentin merkte, daß sie einen häufig wechselnden männlichen Bekanntenkreis hatte – so wird berichtet – trennte
er sich von ihr. Zum Abschied soll er ihr ein Radiogerät,
einen sogenannten »Volksempfänger«, mit der Bemerkung geschenkt haben, dieses Präsent passe zu ihr, da sie
doch das ganze Volk empfange.
Dicke Frauen lenkten in der Tat stets Valentins Aufmerksamkeit auf sich. Angeblich hatten Taxichauffeure anzu-
halten, wenn er auf der Straße eine besonders mollige Da-

me entdeckte. Er wollte sich ungestört an ihrem drallen Anblick erfreuen. In seinen Jugendstreichen bekannte Valentin diese Vorliebe selbst: »Schon seit meiner Kindheit, als ich zehn Jahre alt war, hatte ich für dicke Frauen etwas übrig. Warum, weiß ich nicht. Wenn mich meine Onkel und Tanten im Scherz fragten: ›No, Valentin, wen heiratest denn du einmal?‹ gab ich prompt zur Antwort zurück ›eine ganz dicke Frau!‹ Diese Leidenschaft ist mir glücklicherweise geblieben, denn noch heute nach fünfzig Jahren habe ich den gleichen Geschmack. Für mich geht die Schönheit einer Frau erst mit zwei Zentnern an. Es ist mir neulich passiert, daß ich einer Dame, die ich näher zu kennen glaubte, ziemlich frech auf offener Straße mit flacher Hand auf das Rückgebäude klopfte, wozu ich meinte: ›Grüß Gott, Frau N.!‹ Aber irren ist menschlich. Es war nämlich leider gar nicht die Frau N., sondern eine mir gänzlich Unbekannte. Sie sah nur von rückwärts der Frau N. so ähnlich wie ein Ei dem Andern.«

1924 suchte der 42jährige Valentin einmal den Münchner Kunstmaler Fritz Blum auf und sah sich dessen Aktgemälde an: »Schöön! Schöön! Aber z'dürr, vastehn S', z'mager san s' ma alle«, meinte er und schlug dem Maler vor: »Herr Blum, kannt'n S' ma net oane mal'n, aber a ganz a Schwaare? Dös sag' i Eahna, unter zwoa Zentner derfs' net habn. Es muaß was dro sei, verstehn S' mi?« Blum nahm den Auftrag an und malte eine Dame, die als Chorsängerin an der Oper unter Knappertsbusch sang. Sie hieß Mia, und Blum malte sie vorsichtshalber als Rückenakt. Mit dem fertigen Bild eilte er gleich zu Valentin in dessen Garderobe im Schauspielhaus und zeigte

Zeichnung von Fritz Blum

ihm das Werk mit den Worten: »De miaßns' seng! Zwoa Zentner hats' mindestens, sag i Eahna.« Valentin winkte erschrocken ab und legte den Finger auf den Mund: »Sie hört's doch! Daß sie nix hört!« Und schon schob er Blum samt seinem Mia-Bild zur Tür hinaus. Nebenan in der Garderobe saß nämlich seine Partnerin Liesl Karlstadt, und vor ihr genierte er sich wohl entsetzlich. Da sich Valentin nicht mehr um das bestellte Bild kümmerte, deponierte es der Künstler nach einiger Zeit im Münchner Glaspalast, wo es zerstört wurde, als das Gebäude abbrannte. Im Herbst 1979 zeichnete Fritz Blum für die *Münchner Abendzeitung* die dralle Mia noch einmal aus dem Gedächtnis.

Auch in Valentins Werk lassen sich etliche Anspielungen auf diese seine »Schwäche« für üppige Damen finden. So ulkte er etwa bei den Vorstellungen von Anne-Marie Fischer in der »Ritterspelunke«: »... Wissens' früher da hat a Soubrette feist sein müßen. Da war was drann. (Zeigt mit der Hand auf den Busen). Die hat wacheln müßen, wacheln [wackeln, hüpfen]. A Soubrette hat schworbat sein müß'n [eine feste Fettschicht besitzen müssen]! ... In alle Theaterbüro sind wir rumbretscht [herumgerannt] um a feiste Soubrette. Mir habn aber keine g'funden. Lauter so magere Hülsen habns jetzt. Eine hat sogar den Boanfraß ghabt und solchane Haxn! (Zeigt zum Vergleich die Trommelstöcke)«.

In Valentins letztem Couplet von 1947, »Mein München«, erinnert er sich in der zweiten Strophe an die vergangene Zeit, in der die Mädchen noch »so mollig und so nett, so danschig und adrett« waren. »Doch schaust heut d'Maderln o,/ Hint und vorn is nix mehr dro,/ Fettlos ist fast jede Maid,/ Fettlos wie die ganze Zeit./ ... Und zu so einem Skelett/ Sagt der Mann – ›ah –! Du bist nett!‹/ ... Statt Münchner Kindl'n kann man nur noch Hopfenstangen sehn/ Und wenns auch nicht mehr mollig sind – so sind sie doch mondän.«

Bald war Valentins Vorliebe für üppige Frauen bekannt, so daß die Schauspielerin Ehmi Bessel, der Valentin gelegentlich den Hof machte, einmal beschämt sagte: »Aber Herr Valentin, bei Ihnen hab ich doch keine Chancen! Sie sind doch mehr für das Rundliche?«, worauf Valentin verschmitzt entgegnete: »Gnädige Frau, in diesem speziellen Fall tät ich eine peinliche Ausnahme machen!«

»Papa hatte wirklich eine Schwäche für rundliche Damen«, bestätigte seine Tochter Berta. »Das mußte auch Professor Dr. Mette erfahren, der mir schrieb: ›... Auch meiner Frau gegenüber ließ es Ihr Vater nie an Aufmerksamkeit fehlen. Trotzdem versicherte er unumwunden, sie sei für ihn ein ‚Gespenst‘, weil er immer gleich ein Skelett gewahre, wenn ausreichende Körperfülle das nicht verhindere. Wie er uns gestand, gehöre für ihn zum Ausdruck des Lieblichen bei Frauen dieses Gepräge, das den Gedanken an die Vergänglichkeit alles Lebendigen zurückdränge.‹« Nach Aussage seiner Enkelin Anneliese mußten die vollschlanken Damen darüber hinaus noch »lädschad« sein, wie man in Bayern antriebsarme Menschen bezeichnet. »Und einmal brachte mein Großvater meiner Großmutter eine besonders korpulente Planeggerin ins Haus und stellte sie ihr mit den Worten vor: ›Was sagst jetzt, ist die net guat beinander. Des is a Frau!‹«

Auch Liesl Karlstadt war dem Komiker letztlich noch zu mager, wie sie in einem Gespräch mit Theo Riegler selbst bekundete. »Dem Valentin war keine Frau dick genug. Er hat sie immer danach eingeschätzt, wieviel sie gewogen haben. Mich selbst hat er dauernd gemahnt, daß ich essen soll, bis ich so rund werd wie a Kugel. Wenn's nach ihm gangen wär, hätt ich mich jeden Tag mit Knödeln, Schokolad und Mehlspeisen vollstopfen müssen. ›Du mußt so viel essen, bis du zwei Zentner wiegst!‹ hat er allweil gsagt. ›Die Schönheit einer Frau geht erst bei zwei Zentner an! Dürr bin ich selbst!‹ Wenn i am Steuer von mein Wagen gsessen bin und er hat auf der Straße eine üppige Frau entdeckt, war er ganz aufgeregt und hat gschrian: ›Bremsen! Bremsen! Langsam fahrn! Schau dir dort die Dicke an! Dees is a Weib!‹ Wenn er in Gesellschaft einer Dame vorgstellt worn is, die ihm z'mager war, hat er's ganz offen gsagt: ›Waas? Dees is Ihre Frau? Wia kennen S' denn so was mögn – so was Dürrs?‹«

Nach dem Besuch der »Lustigen Witwe« im Gärtnertheater hatte Valentin an den Intendanten Fritz Fischer einige Fragen: »Die Nackttänzerin strotzt vor Schlankheit. Wo sind bei ihr die Formen des Weibes? Ist sie krank? Leidet sie an Abzehrung – dann runter von der Bühne und in ein Sanatorium. Wenn man uns schon nackte Frauen zeigt, dann bitte wenigstens ›vollschlank‹.«

Als Valentin mit dem Regisseur Erich Engel auf dem Münchner Oktoberfest einmal in einer Bude einen Fakir bestaunen wollte, fiel dem Komiker vor allem dessen Partnerin ins Auge. »Andächtig hörten wir«, so Erich Engel, »was die Ansagerin von etwa zwei Zentnern Lebendgewicht uns alles in Aussicht stellte. ›A Pfundsweib, die Dicke‹, schmunzelte Valentin. Er liebte dicke Frauen.«

In dem Film »Beim Rechtsanwalt« staunt Valentin vor der Kopie eines Rubens-Aktes: »Is de guat im Fuatter.« Seinem Sohn (Liesl Karlstadt), der ihn fragt, wer die Dame wohl sei, erklärt Valentin: »Werd halt die Frau vom Herrn Rechtsanwalt sei.«

Die bekannte Zeichnerin Franziska Bilek schrieb an den »sehr geehrten Herrn Valentin« in ihrem Brief vom 7. Januar 1947, in dem sie für Valentin mitten im Text eine nackte dralle Dame mit Röschen in der Hand und Hut auf dem Kopf zeichnete: »Diese Dame hab ich grad aus Wachs modelliert, es ist ein Fräulein, das ich immer wieder in einer Simplserie gebracht hab, besonders im alten Simplizissimus. Ich habs Ihnen gezeichnet, weil ich weiß, daß Sie, verehrter Herr Valentin, eine Vorliebe für Speck haben ...« Valentin scheint sich mit einem Bild einer vollschlanken Dame revanchiert zu haben, denn im Brief vom 28. Februar 1947 dankte ihm die Bilek »für die schöne Dicke«. Und in ihrem Schreiben vom 2. Mai 1947 erzählte sie dem »sehr geehrten Herrn Valentin« am Ende von einem Besuch beim Frisör, der ihre Haare farbenfroh verbrannte: »Süß schau ich aus. Noch ein bißchen dicker, und ich tät Ihnen gefallen.«

Valentins Neigung zu korpulenten Damen scheint durch die entbehrungsreichen Zeiten nach dem Ersten und Zweiten Weltkrieg, die auch er zu durchleiden hatte, noch verstärkt worden zu sein. Schlankheit galt ihm in der Tat als ein Zeichen des Mangels und damit als ein Symbol drohenden Todes. Korpulenz hingegen wurde ihm zum

Zeichen der Fülle und der mütterlichen Geborgenheit, kurzum zum Symbol des Lebens.

Aus sexualwissenschaftlicher Sicht läßt sich Valentins zumindest ideelles Faible für korpulente Damen – seine Frau war nämlich recht schlank – dem Phänomen des Fetischismus zuordnen, der seine Ursache darin hat, daß jeder Mensch in der frühen Kindheit, wenn seine Sinne erwachen, nicht fähig ist, von seinem Gegenüber einen Gesamteindruck zu empfangen. So stellt sich ihm die Mutter als eine Folge getrennter Eindrücke dar, etwa eine Brust, die Nahrung gibt, Arme, die ein weiches Bett bilden, oder Hände, die liebkosen. Auf genau diese Art setzt sich der Erwachsene später das Traumbild des idealen Partners zusammen.

»Innerhalb gewisser Grenzen«, schreibt der Sexualforscher Ernest Bornemann, »ist also jeder Mensch ein Fetischist. Wenn wir uns verlieben und weder uns selbst noch anderen Menschen erklären können, wieso wir ausgerechnet diesen Menschen und keinen anderen haben wollen, dann messen wir ihm, ohne uns dieser Tatsache bewußt zu sein, einen fetischistischen Wert bei. Aber auch, wenn wir von unserem ›Typ‹ sprechen, benutzen wir ein fetischistisches Vokabular. Denn wieso ziehen manche Männer Blondinen vor, während andere Rothaarige lieben? Jeder ›Typ‹ ist für den Menschen, der ihm verfallen ist, ein Fetisch.« Karl Valentins Fetisch war eben der Typ der korpulenten Frau.

Differenzierter gesehen, handelt es sich dabei um einen sogenannten Deformationsfetischismus, wie die Sexualwissenschaft jeden Versuch bezeichnet, den Körper durch

Deformation – subjektiv gesehen – zu verschönen. Dieser Versuch enthält eine perverse Komponente. Auch die Leidenschaft für deformierte Menschen geht auf ein formatives Erlebnis der frühen Kindheit zurück, in dem entweder ein deformierter Mensch die Schlüsselrolle spielte oder ein Mensch, der dem Kind die Illusion der Deformation gab. Die masochistische Komponente wird besonders deutlich, wenn der Betroffene sich selber zu verstümmeln versucht oder vortäuscht, verstümmelt zu sein. Von Karl Valentin gibt es in der Tat Abbildungen, auf denen er seinen übermäßig ausgemergelten Körper mit herabhängenden Schultern geradezu exhibitionistisch zur Schau stellt und den Eindruck erweckt, er sei gleichsam ein erbärmlicher Ritter von der traurigen Gestalt. Dabei scheint auch bei Valentin der Wunsch bestanden zu haben, andere Menschen durch die Vorführung der eigenen vorgespielten Deformation, die so in Wahrheit ja nicht vorhanden war, zu erschrecken, womit er zumindest den Rest einer Einstellung auf das Du bezeugte, so obskur sie auch sein mochte. Die Liebe zu vollschlanken Damen bot ihm demgegenüber ein Äquivalent zu seiner eigenen mageren Gestalt.

München um die Jahrhundertwende galt als erzkatholische Kunststadt, war aber keineswegs so sittenstreng und moralisch sauber, wie man daraus hätte schließen können. Neben der hehren Kunst existierte auch eine sogenannte »Afterkunst«, unter der man »unsittliche Reproduktionen in Wort und Bild« verstand, womit in erster Linie Aktbilder und pornographische Fotos gemeint waren. Von den verschiedensten Seiten wurden moralische Bedenken laut, so daß die Reichsregierung schließlich einen Gesetzentwurf einbrachte – »Lex Heinze« genannt –, der die Zensurmaßnahmen zu verschärfen beabsichtigte. Doch dagegen erhoben sich rasch Proteste der Münchner Literaten und Künstler, und das Gesetz kam nicht zustande. Im Gegenteil, bald darauf avancierte München zum ersten deutschen Herstellungszentrum für pornographische Bildkarten. Zwar konstituierte sich 1906 ein »Münchner Männerverein zur Bekämpfung der öffentlichen Unsittlichkeit«, um insbesondere die Jugend vor Unmoral zu schützen. Aber wenig später wetterte die liberale Presse gegen die neue Sittlichkeitsbewegung, so etwa im November 1909 die *Münchner Neuesten Nachrichten*: »Es ist just die ungesunde Atmosphäre sexueller Heimlichtuerei, die alle Auswüchse spekulierender Pseudokunst zeitigt.« In der Folge beschlagnahmte die Polizei immer wieder Pornobilder, und mancher Ertappte, der vernommen wurde, versicherte kleinlaut: »Die bei mir vorgefundenen Bilder bekam ich von M. N., Lithograph und Steindrucker ... Bezahlt habe ich hierfür nichts. Die Bilder zeigte ich weiter niemand vor. Ich trug sie immer in meiner Brieftasche verschlossen bei mir.«

Auch Karl Valentin soll eine umfangreiche Sammlung pornographischer Fotos besessen haben, die heute als verschollen gilt. Dabei habe es sich nach Ansicht einiger Beobachter allerdings weder um eine Sammlung, sondern nur um einen französischen Bildband gehandelt, noch sollen es pornographische Fotos gewesen sein, sondern lediglich harmlose Aktfotos vollschlanker Damen, wie sie

Kunststudenten beim Aktzeichnen an Stelle von schlanken formlosen Modellen schon seit jeher bevorzugten. Im Gegensatz dazu berichtete Anne-Marie Fischer: »Valentin war nicht nur ein enorm erotischer Mensch, er sammelte auch Erotika. War ja auch kein Wunder: Jemand, der alte Fotografien sammelte, stereoskopische Bilder, Münchner Volkslieder, Absurdi- und Abnormitäten – warum sollte der nicht auch Pornographisches sammeln? Er war im Besitz eines großen Bilderschatzes, in dem es von fülligen, wenn nicht gar dicken ausgezogenen Damen nur so wimmelte. Dabei konnte er im Privatleben Rubens-Gestalten nicht ausstehen, niemals wäre er mit Schwergewichtlerinnen ins Bett gegangen.« Dieser Vermutung Anne-Marie Fischers widersprechen jedoch Valentins sonstige Äußerungen und Verhaltensweisen. »Ich allerdings«, bekannte Anne-Marie Fischer, »war ihm fast ein wenig zu hager. Ein paarmal hat er kopfschüttelnd zu mir gesagt: ›Jetzt iß doch endlich amal mehr – a bissl dicker dürft's schon werden!‹« Über Valentins Aktbilder-Bestand äußerte die Schauspielerin: »Seine Pornobilder-Sammlung war sehr amüsant, weil sie zugleich ein Stück Sitten- und Kulturgeschichte verkörperte. Es waren ja Fotos aus allen Jahrzehnten. ›Damen‹ in den verschiedenen erotischen Stellungen und Situationen, aber beileibe nicht so geschmacklos-direkt, wie es heute meist der Fall ist. Aber, irgendwie ›hatte‹ das schon etwas. Ich fand es auch amüsant, ich war niemals prüde und durch mein schon so frühes Auftreten auf der Bühne auch irgendwie ›abgehärtet‹.«
Valentin hielt seine »Pornofotos« gut unter Verschluß. Das belegt ein Vorfall, an den sich Juliana Ueblacker, Va-

lentins Planegger Schreibkraft, erinnerte. Einmal, so berichtete sie, habe Valentin recht geheimnisvoll getan und sie zu sich in die Werkstatt gewinkt, wo er ihr einen mit einer Eisenstange verriegelten »Schließkorb« gezeigt habe. »Willst sehn, was da drin ist?« habe er sie gefragt. Als Valentin den Korb geöffnet habe, habe sie einen Berg pornographischer Fotos »mit lauter nackerte Weiber« erblickt. »Gell, da schaust, was net alles gibt«, habe Valentin gemeint. »Die Buidln muaß i für an guatn Freind aufheben. Aber sag ja nix deiner Muatta, sonst derfst nimmer her zu mir.« Als Juliana nach Hause kam, sei ihr der Schock über das soeben Erlebte noch anzumerken gewesen. Sie konnte nichts essen, »so graust hat's mir vor dem, was ich da grad gsehn hab«. Der Mutter, die sich besorgt nach ihrem Befinden erkundigte, habe sie allerdings nichts verraten.

In einem launigen Brief vom 6. März 1939 an den Direktor des Münchner Stadtmuseums, Konrad Schiessl, zu dessen 50. Geburtstag, gestand Valentin: »... ich bin Sammler, allerdings nur in Fotos, Briefmarken etc. da mir eine Mädchensammlung v. meiner Frau nicht genehmigt wurde.«

Laut Juliana Ueblacker hat Valentin einmal erzählt, daß ihm während eines Aufenthaltes in Berlin eine bildhübsche Japanerin (gemeint ist wohl eine Chinesin) über den Weg gelaufen sei, die ihm ausnehmend gut gefallen habe. Man sei sich nähergekommen, und Valentin habe sie schließlich auf sein Zimmer eingeladen. »Aber«, so der Komiker, »wia sie sich auszogn hat und ich ihre nackertn Fiaß g'sehn hab mit dene eingerolltn Zeha, is mir alles vergangn. ›Da hast fünf Mark‹, hab i gsagt. ›I kann heit net‹, und habs fortgschickt.« Valentin habe sich, so Julie Ueblacker, vor der Verstümmelung der Zehen geekelt, die bei diesen Frauen durch das Einbinden der Füße von Kindheit an hervorgerufen werde. Dies sei dort Brauch, um die Füße der Frauen möglichst klein zu halten. Es ist durchaus vorstellbar, daß der Komiker seiner Schreibkraft diese Geschichte so erzählt hat; ob sie allerdings der Wahrheit entsprach und nicht nur einer von Valentins mitunter recht derben Scherzen war, läßt sich heute nicht mehr eindeutig feststellen.

Neben den erotischen Beziehungen unterhielt Valentin aber auch zahlreiche platonische Freundschaften zu Frauen, wie das Foto der Schauspielerin Lona Nansen vom Januar 1911 bezeugt, das »meinem lieben Kollegen Valentin zur Erinnerung« gewidmet war. In ähnlicher Weise verehrte Valentin die bereits erwähnte Zeichnerin Franziska Bilek als »Meisterin«, die er gerne zu Besuch »in allernächster Zeit in meinem Landhäuschen in Planegg« sehen wollte. Und die Bilek schäkerte in ihren Antwortschreiben zurück: »Ihre Rundfunksendungen hör ich mit Vergnügen, besonderen Eindruck hat es mir gemacht, daß Sie Frauenarzt werden wollten!« Oder: »Oh wenn ich könnt, wie ich möcht, dann tät ich sofort zu Ihnen eilen.« Ein anderes Mal schrieb sie ihm mit dem Hinweis auf eine an ihr vorgenommene Wurzelresektion beim Zahnarzt: »Ich hab ein bezauberndes Skelett, schneeweiß ... schade, daß ich es so selten zeigen kann. Jeder Mann tät sich in mich verlieben, wenn er bloß einen Blick auf mein Skelett werfen derft!«

Am 21. Januar 1948 bat die Bilek Valentin schließlich um die Reservierung von zwei bühnennahen Plätzen für eine seiner Vorstellungen, »damit ich Sie von dort aus anstrahlen und bewundern kann. Ich werde klatschen, hellauflachen, in tosenden Beifall ausbrechen, lang und anhaltend jubeln, nicht enden wollend schmunzeln, Bemerkungen einstreuen wie: ›jawohl‹, ›recht hat er‹, ›haut scho‹, ›ja pfüat di God‹, ›juhu‹, ›hahaha‹, ›ja kruzitürkn‹, ›pfundü‹, ›Falentin, Falentin!!‹ und anderes mehr. Sie können sich auf mich verlassen. Sie werden mit mir zufrieden sein.« So himmelte die Bilek Valentin an, ohne daß daraus eine intime Beziehung wurde, obwohl der Komiker die Zeichnerin bis zu seinem Tod überaus schätzte.

»Zu den wenigen Menschen, die Valentin besonders mochte, gehörte Frau Gusti Grunauer. Lieblich, rundlich – war sie genau ›Valentins Frauentyp‹. Ich selber sah in ihr stets einen Barockengel.« So schrieb Liesl Karlstadt 1959 in ihrem Vorwort zu dem Büchlein »Passiert is was. Valentinaden, erzählt von Gusti Grunauer-Brug«. »Ihren Mann«, so Liesl Karlstadt, »verehrte Valentin wegen seiner Weisheit, und mir prägte er ein: ›Wenn wir was wissen wollen, brauchen wir nur den Grunauer fragen – der weiß über alles Bescheid.‹« Gusti Grunauer unternahm mit Valentin gelegentlich kleine Ausflüge, etwa nach Hohenschäftlarn. Mitunter lud sie der Komiker auch auf eine Tasse Kaffee ein; dabei soll er sich einmal gegenüber dem Servierfräulein nicht gerade fein benommen haben. So meinte er beim Anblick der winzigen Spitzenschürze der Bedienung: »Der hat der Stoff nimmer g'langt zu am g'scheiten Schurz, der mageren Goaß!« Eines Abends schwärmte Gusti

Grunauer von dem schönen Sonnenuntergang, vom zu erwartenden aufgehenden Mond und dem besternten Himmel. »San S' net so romantisch«, wehrte da Valentin ab. » ... Real muaß ma denken, real. Aber, so san die Weiber, immer voller Phantasie.«

Andere Frauen schwärmten geradezu von Valentins Persönlichkeit, wie etwa die »flotte Vera«, die in »Valentins Panoptikum«, im sogenannten Höllenkaffee, als Bardame angestellt war. »O mei«, versicherte sie später Valentins Tochter Bertl, »war des a scheene Zeit mit Eahnerm Vata! Nur die Fliegeralarme, de ham an Valentin nervös g'macht. Einmal hat er die Nervn verlorn: ›Vera! Nix mehr zahl'n lassn! Jetzt brauch' ma sowieso koa Geld mehr!‹ Ganz so schwarz hab' ich nicht g'sehn und hab' trotzdem noch kassiert. Einmal hab'n mir auch den Christian Weber (einen wohlgenährten hohen Funktionär der Partei) in der Vorstellung g'habt, und des hat Eahna Papa erfahrn. Wir ham ihn natürlich gleich gewarnt, z'weng de Witz. Die Naziwitz. Dann is' er naus auf d'Bühne, hat zum ungekrönten König von Bayern [zu ebendiesem Weber] hing'schaut und hat g'sagt: ›Naa, naa, möchst mi gern dawisch'n, aber de Witz kommen erst, wenn's ihr net da seids.‹ Wer zu lachen wagte, lachte von Herzen.« Die flotte Vera aber »zitterte um die Freiheit ihres Brotgebers«.

Eine andere Frau, eine Besucherin des Panoptikums, die Telefonistin Maria G. aus München, bedankte sich am 26. Oktober 1934 bei Valentin brieflich für eine Sonderführung. Sie versprach dem Komiker, für das Panoptikum rege Werbung zu machen, und schrieb ihm unter anderem: »Ich bin die einzelne Münchnerin, die Sie in liebens-

würdiger Weise heute nachmittag persönlich herumgeführt haben ... und möchte Ihnen auf diesem Weg herzlich danken für die Stunde wirklichen Humors und herzlichen Lachens, was ohnehin so selten ist ... In und außer Haus wird für das Karl-Valentin-Museum Reklame gemacht! Dies sei mein Dank an den großen Meister.«
Valentin scheute sich also nicht, unverbindlich auf Frauen zuzugehen und sich dabei durchaus als umgänglicher Mensch zu zeigen. Gelegentlich aber enthalten manche Kontakte auch leichte Anzüglichkeiten, so etwa folgendes 47zeilige anspielungsreiche Gedicht aus dem Jahre 1945, das Valentin der Planegger Bäckerstochter Martha Drechsler widmete und in dem es unter anderem heißt:

Ja! Ja! Das Bäckertöchterlein,
dös is a ganz a feine,
drum gehen auch so viele Herrn
in Bäckerlad'n eine,
der wo ihr g'fällt, den hält sie fest,
allein schon mit den Blicken.
Nur wird ihr das, wie sie es meint,
bei mir zwar niemals glücken,
denn ich schwärm nur für fettes Fett,
das ist mein Lieblingsfutter,
mir ist statt einer Bäckersfee
viel lieber a Pfund Butter.
Mit reschen Semmeln wie sie meint,

könnt sie mein Herz gewinnen,
doch selbst bei solchem Angebot
wird ›Ihr‹ das nicht gelingen.
Du Martha weisst es ganz genau,
daß ich verheirat bin,
drum schlag dir endlich aus dem Kopf,
den schönen .... Fridolin.
Ich bleibe meiner Gattin treu,
ich lass mich nicht verführen,
nur weil doch einmal – keinmal ist,
will ich's mit dir probieren,
dafür verlange aber ich
Bedienung eine schnelle,
denn wenn der Laden voller Kundschaft ist
kommt man nicht von der Stelle.
Von nun ab muss das anders werden,
wir machens jetzt von hinten,
du legst die Semmeln naus in Hof,
da werd ichs dann scho finden.

Folgendes Handschreiben vom 24. Dezember 1947 mit deutlichen Anzüglichkeiten Valentins ist an ein gewisses Fräulein St. gerichtet:

»Mein liebes Frl. St.!
Ich wünsche mir, Ihnen, uns und allen Menschen auf der Welt mit Ausnahme von dem überspannten Heinz Rühmann, alles gute schöne und praktische was zum Leben gehört ... Ihren Herzenswunsch, Ihnen ein Dutzend ›Camelia‹ [Markenname von Monatsbinden] zu schenken,

kann ich leider nicht erfüllen. Es gibt zwar einen Ersatz dafür aus Holzwolle, die aber bei den Damen ein sehr starkes Kitzeln erzeugen – Vom 11. bis 15. Dez. habe ich ein Gastspiel gegeben im ›bunten Würfel‹ waren Sie dort? Ab 20. Januar bis 1. Februar bin ich wieder dort – rufen Sie mich bitte vorher an (899107) damit ich für Sie 2 Karten reserviere ... Verzeihung schlechte Schrift – Brief im Bett geschrieben, bin seit 8 Tagen krank, habe aber nur eine leichte Eierstockverrenkung.«

Von dieser »Eierstockverrenkung« – in Wahrheit eine hartnäckige Erkältung mit nachfolgender Lungenentzündung – sollte sich Valentin nicht mehr erholen.

Kontakte ganz anderer Art hatte Valentin zu zwei Frauen, von denen hier, wenn auch nur am Rande, die Rede sein soll. Es handelt sich um die Auseinandersetzung mit einer Wahrsagerin und um den Fall »Flora Tag«.
Die Episode mit der Wahrsagerin ist von dem Münchner Rechtsanwalt Dr. Waldemar Kiessling verbürgt. In den dreißiger Jahren konsultierte Valentin diesen Mann, da er sich von einer Wahrsagerin betrogen fühlte. Sie hatte ihm eine schwere Erkrankung vorhergesagt, womöglich sogar mit der Folge einer Erblindung. Valentin beschwerte sich, daß die Vorankündigungen dieser Frau, die er als »Mistvieh« bezeichnete, nicht eingetroffen seien. Ihretwegen habe er wochenlang entsetzliche Ängste auszustehen gehabt. Als ihm der Anwalt die Schwierigkeiten eines rechtlichen Vorgehens gegen diese Dame dargelegt hatte, wollte Valentin zu verbaler Selbstjustiz greifen. Er fragte den

Anwalt, was folgende Ausdrücke kosten würden: »Sie san a ganz a greisslige grüne Gottsackerfliang, a giftige und lüang teans a!« Oder: »Sie abgefieselte Suppenhenna, lassens' Eahna fei nimma dawischn mit Eahnana Schwindelei, Sie zammzupfte Salatstaudn!« Für beide Beleidigungen, so die Auskunft des Anwalts, stünden fünfzig und mehr Mark Strafe in Aussicht. Valentin verstand daraufhin die Welt nicht mehr: »Wenn a jede markante Anred gleich a Beleidigung is, die bestraft wird, dann kannst«, so meinte er resigniert, »so a Weibsbild, so a misarabligs nur noch mit Verachtung strafen.« Und das tat er auch.

Der zweite Fall trug sich zwischen März und Mai 1930 mit einer Nachbarin aus der Kanalstraße zu. Es handelte sich um eine gewisse Frau Flora Tag, die sich einem Telefonterror ausgesetzt fühlte und deshalb bei der Polizei Strafanzeige gestellt hatte. Der Anrufer habe sie täglich zwei- bis dreimal antelefoniert und »Tag Flora, Tag Flora« gerufen. Einmal sei gegen sie auch die Drohung ausgestoßen worden, daß »sie heute (18. III. 30) nachts 12 Uhr eine Leiche sein werde und der Totenwagen schon auf sie warte«. »Im Rückgebäude Kanalstr. Nr. 8 im II. Stock«, so steht es im Protokoll der Münchner Polizeidirektion, Polizeibezirk 1 (Mitte), »wohne der Instrumentalkomiker Fey Valentin.« Dieser »sei schon öfters freundschaftlich in ihrer Wohnung verkehrt und kenne deshalb genau ihre Verhältnisse. Er habe ihr in ihrer Wohnung schon mehrmals vorgesungen; manchmal komische Sachen mit verstellter Stimme, was auffallender Weise sich so angehört habe wie die verstellte Stimme, die immer durchs Telefon zu hören gewesen sei.«

Schließlich habe sie auch noch einen Brief mit den Worten »Flora Tag« erhalten. »Der Inhalt sei mit der Maschine geschrieben und sei nichts als eine kurze sinnlose erotisch-unzüchtige Auslassung gewesen ... Auf dem Briefbogen sei vorne oben links ein Kopfdruck überstrichen gewesen. Sie habe die Tusche etwas weggewischt und habe dann durchs Licht deutlich den Aufdruck ›K. Valentin‹ lesen können ... Den Brief habe sie sofort in den Ofen geworfen und könne deshalb nur mehr einige Reste vorlegen.« Da Flora Tag laut eigener Aussage aber keinen Streit mit Valentin haben wollte und an der Verfolgung der Angelegenheit kein weiteres Interesse zeigte, wurde dieser dubiose Fall »Tag–Valentin« am 3. Mai 1930 als ungeklärt zu den Akten gelegt.

Wie zänkisch Valentin gegenüber resoluten Frauen tatsächlich sein konnte, schildert Regisseur Erich Engel in seinen Erinnerungen. In dem Film »Kirschen in Nachbars Garten« erlebte er hautnah die ständigen Querelen zwischen Valentin und der energischen Adele Sandrock. Beide entwickelten von Anfang der Dreharbeiten an eine erhebliche gegenseitige Aversion. »Im Gegensatz zu den Szenen zwischen Valentin und Liesl Karlstadt«, notierte Erich Engel, »bargen diejenigen zwischen ihm und Adele Sandrock für mich die Gefahr nervlicher Zusammenbrüche in sich.« Die beiden Schauspieler »konnten sich gegenseitig nicht riechen. Sie waren eifersüchtig aufeinander. Das heißt, Valentin war eigentlich nicht eifersüchtig, das hatte er nicht nötig, aber er ärgerte sich grün und schwarz, weil die Sandrock so boshaft war und alles tat, ihm seine Pointen zu versalzen. Und wenn ihm das zuviel wurde, konnte auch er böse werden. ›Oide Hyazinthen‹, murmelte er dann, ›wart nur, wenn i di dawisch!‹«

Die Sandrock war es gewohnt, immer im Mittelpunkt zu stehen, und sie gönnte es Valentin nicht, daß er »mit seinem trockenen Humor stets die Lacher auf seiner Seite hatte ... ›Ich kann nun mal diesen Kerl nicht leiden, er ist ein Filou und macht mir jede Szene kaputt.‹« Solcherart wechselten sich die beiden fortwährend in beleidigenden Äußerungen ab. »Sie mit dem Pickel an der Nase [aufgrund der Maske], solch häßliche Menschen wie Sie habe ich lange nicht mehr gesehen!« keifte die Sandrock. – »Haben S' sich denn schon lang nimmer im Spiegel angschaut?« schoß Valentin zurück. Adele Sandrock schimpfte ihn einen »unverschämten Menschen«, einen »Flegel« und »Trottel«. (Sie zeigte auf ihre Stirn.) »Hier oben fehlt's Ihnen. Sie haben wohl einen Vogel!« Valentins trockene Entgegnung: »Wieso? Vermissen S' den Ihren?« Für Valentin war die Sandrock »die oide Mistamsel« oder »die oide Krampfhenna.«

Einmal legte er ihr, als sie in der Garderobe schlief, eine tote Maus aufs Kleid, eine Ungehörigkeit, welche die Sandrock beim Erwachen sofort mit einem entsetzten Schrei in eine tiefe Ohnmacht fallen ließ. Die Folge war eine ganztägige Arbeitsunfähigkeit der Schauspielerin, eine Tatsache, die den Regisseur schier an den Rand der Verzweiflung trieb. Als ihr Valentin ein anderes Mal einen einfallsreich gefälschten Schuldschein über 1000 Mark unter die Nase hielt, wäre die Sandrock beinahe erneut in Ohnmacht gefallen. Später erfuhr sie von Erich Engel, daß Valentin zu diesem Zweck eine Autogrammunterschrift von ihr mißbraucht hatte. Da meinte die Sandrock »milde: ›So ein Filou!‹ Dann flüsterte sie mir [Erich Engel] lächelnd ins Ohr: ›Aber Einfälle hat der Kerl, das muß man ihm lassen!‹ Ich war erstaunt, daß die Sandrock diesen Scherz nicht übelnahm. Die beiden Streithähne waren eben doch gegen Schluß des Filmes friedfertiger geworden. Auch Adele hat – meinem Gefühl nach – innerlich oft über Valentins Humor herzlich gelacht. Aber zeigen mochte sie ihm das nicht.«

Das andere und das »dritte« Geschlecht

Das gehört sich nicht!

»Oh, diese Weiber!« Wegen dieses Ausrufes in dem Dialog »Hohes Alter« wird Valentin von seinem Gesprächspartner sofort als Weiberfeind entlarvt. Blättert man in Valentins Werk, lassen sich noch viele andere Belege finden, die leicht zu der vorschnellen Annahme verführen, daß Valentin ein Frauenhasser oder zumindest ein Verächter der Frauen gewesen sein muß. In seinem Monolog »Gegenwart« von 1946 findet sich folgende Formel: »Femina – feminina – monstrum – vivat – konkubinatum, sagt der Lateiner, d. h. auf deutsch: entweder du bleibst draus oder du gehst eina.« In Wahrheit ließen sich diese lateinischen Worte allerdings eher folgendermaßen frei übertragen: »Die Frau ist ein weibliches Monster. Es lebe die außereheliche Geschlechtsgemeinschaft!«

Valentins frauenfeindliche Äußerungen in seinen Dialogen und Szenen richten sich vorrangig gegen Ehefrauen. Bereits der erste Kontakt zur Zukünftigen wird als »furchtbares Pech« bezeichnet. »Hochzeitsfeierlichkeiten« werden mit »sonstigen Unglücksfällen« gleichgesetzt. Geheiratet wird ja doch nur »wegen dem Geld«. Die Ehe erinnert an einen Luftballon: »Viele Ehemänner gleichen so einem kleinen Fesselballon – das Schnürl ist die Ehe!« – »D'Weiber ... könna nix wia Kinder in d'Welt setzen! ... müssen allesamt verschwinden! ... ohne Weiberleut waar ois vui scheena und koan Ärger gaabs gor nimmer!« Vielerlei Beschimpfungen zwischen Ehepartnern sind bei ihm zu hören wie: »du Rindviech, du depperts«, »Sauhund«, »Depp saudummer«, »langweiliges Frauenzimmer«, »d'Muatter, des Riesenrindviech!«

Valentin zeigt eine ständig herrschende »Hochspannung« in der Ehe, begleitet von einem sukzessiven Erkalten der ersten Liebe. In dem Film »Donner, Blitz und Sonnenschein« haucht die Bäuerin (Liesl Karlstadt) im Bett dem Bauern (Valentin) einen mitleidigen Gutenachtkuß auf die unrasierte Wange, worauf sich dieser brummig zur Seite dreht und raunzend bemerkt: »Immer die Erotik bei die Weiber!«

Als Weihnachtsüberraschung schenkt der Mann seiner »Alt'n« eine Vergrößerung ihres Bildes: einen Papierdrachen. »Sind Sie sonstwie leidend?« – »Jawohl, verheiratet«, heißt es im Dialog »Beim Nervenarzt«.

Aus dem Jahre 1946 stammt folgende Notiz des Komikers: »Valentin kommt zur Waffenabgabestelle und frägt, ob auch Schwerter abgegeben werden müssen. Selbstverständlich, sagt der Mann, der die Waffen entgegennimmt. So, sagt Valentin, dann schick i glei mei Frau her, de hat nämlich a Maul wia a Schwert.«

Besonders drastisch formuliert ist die verächtliche Einstellung zur Institution Ehe und zu Ehefrauen in der Parodie

Valentins »Hochzeit« (mit dem Schauspieler Georg Rückert)

auf das Lied »Finikuli-Finikula« mit dem Titel »Ein zufriedener Ehemann«. Darin bezeichnet dieser nach 13jähriger Ehe seine Frau, die »früher mal ein nettes Mädel war«, nun als »Wau-Wau«, womit er wohl die ständigen Überwachungstendenzen ihrem Angetrauten gegenüber verdeutlichen will. Und er fährt fort:

Schön ist sie nicht, das kann ich nicht grad sagen
Aber saudumm
das alte Trumm.
Sie is so g'sund als wie a junger Bachratz,
Das Unikum,
Sie kommt nicht um.
... Wir streiten täglich miteinand',
Ich geb' ihr auch so manchen Tritt,
Und sie haut mir as Dach recht her,
Dann san ma wieder quitt.

In der zweiten Strophe berichtet Valentin, daß sie

zwei Handerln hat ... grad' wie Fensterbrettl'n
Die alte Kuha.
Was sang'n S'dazu.
... I muß mei Schicksal halt ertrag'n,
Ja, wenn i da no aufdrahn tät',
Die tät' mich ja erschlag'n.

Nachdem der »zufriedene Ehemann« von einem »alt'n Spezi« den Rat erhält, sich doch von so einer »fadn Sauce« scheiden zu lassen, lehnt dieser mit der Begründung ab, sie könnte ja einen anderen kriegen:

De böse Trut,
De böse Trut.
Wie leichts könnt's sei, sie heirat dann an Schneider
Der wär' kaput,
Der wär' kaput.

Die Parodie endet mit den deftigen Worten:

Doch tät's' mir sterb'n, aufrichtig g'sagt,
Mir tät's' doch leid, mei lieabe Frau,
Drum bleib'n wir halt bei'nander,
Sie is doch a guate Sau!

Dieser Text wurde von Valentin vermutlich um das Jahr 1911 verfaßt. In diesem Jahr heiratete er Gisela Royes, nachdem er seit 1899 mit ihr in eheähnlicher Beziehung gelebt hatte, also genau 13 Jahre lang wie der »zufriedene Ehemann« seiner Parodie.

Unterdrückung findet allerdings nicht einseitig statt, da die Frau nicht auf den Mund gefallen ist und männliche Vorwürfe sofort mit entprechend derben Entgegnungen pariert. Liesl Karlstadt als Ehefrau in Valentins Stücken »weiß sich auch zu wehren«, so der Filmkritiker Georg Seeßlen, »kann sehr schnell umschalten von der unterdrückten Frau in die unterdrückende Mutter, die den untüchtigen Mann wie ein nicht ganz gescheites Kind behandelt«.

Sogar Todeswünsche gegenüber dem Partner werden geäußert wie etwa, ihr »d' Gurgl zuzudrehen« oder daß sie doch endlich »der Schlag treffen« möge. Vom Ehemann kommen auch unverfroren gehässige Aufforderungen wie jene, sich tunlichst in der Menschenfresserbude auf dem Oktoberfest »fressen« zu lassen, »i kriag scho wieder a andere«, oder in der Schaubude beim Schichtl »den Kopf unters Fallbeil« zu legen.

Im »Ritter Unkenstein« ruft der Recke Heinrich erstaunt, als er vom Tod seiner Frau erfährt: »Was? Mei Frau is tot? Ja, daß die mir nie was g'sagt hat davon! Darum hab i de schon so lang nimmer g'sehn!«

Valentin wurde von Kritikern, etwa von Benjamin Henrichs, mit Strindberg verglichen, wobei Henrichs »Die streitlustigsten Eheleute des Welttheaters« in Valentins Werk zu entdecken glaubte. »Nicht Strindberg hat sie erfunden, nicht Albee, sondern Karl Valentin.«

Zweifellos gebärdete sich Valentin in seinem Werk häufig als recht gefühlloser Frauenverächter, bringt damit aber eher eine allgemeine Stimmungslage der damaligen Männerwelt in überhöhter Form zur Sprache, die keinesfalls ausschließlich als seine persönliche Einstellung zum anderen Geschlecht zu werten ist. Man würde dem Komiker nicht gerecht, wollte man ihn in die einseitige Rolle eines Weiberhassers drängen. Dazu war sein Verhältnis zu Frauen dann doch etwas differenzierter angelegt, wie seine Partnerbeziehungen deutlich zeigen. Allenfalls lassen sich Elemente von Frauenhaß und Frauenverachtung als Wesensmerkmale Valentins annehmen, denen aber ebenso viele Hinweise auf seine Sympathie zum anderen Geschlecht gegenüberzustellen sind. So fühlte er sich zu hübschen Frauen geradezu hingezogen. Einmal äußerte er etwa dem Fotografen Nachum T. Gidal gegenüber seine

Aufregung über Feuchtwangers Buch »Erfolg«, in dem er von diesem Schriftsteller des Plagiats beschuldigt wurde. Aus Wut habe er das Zeitungsfoto dieses »Saukerls ausgeschnitten« und »mia auf'n Abort hi neig'hängt. Da siehgt er mein Hintern zwoamal am Tag ... Aber neidisch bin i ihm auch, wissens' warum?« Und nach einer Pause hochdeutsch fortfahrend: »Der hat die schönste Frau von der Welt, der mit sei'm Affeng'sicht. Die schönste Frau hat der kriagt.«

Um etwa 1908 verfaßte der 26jährige Valentin zu der Melodie »Die Musik kommt!« ein zeitgenössisches Couplet mit dem Titel »Das dritte Geschlecht«. In diesem Text erfolgen deutliche Angriffe gegen Homosexuelle, die damals als Vertreter einer anormalen Sexualität galten und in der Folge nicht selten spöttischen Attacken, häufig aber auch einer gesellschaftlichen Ächtung ausgesetzt waren. Valentin selbst schlägt ebenfalls in diese Kerbe, wenn er sein Couplet beginnt:

> *Geehrtes Puplikum!*
> *Zum größten Gaudium*
> *erlaub' ich mir den Spass*
> *und bring nun auch etwas*
> *Und zwar vom deutschen Heer, /*
> *Von unserm Militär!*
> *Das ist a nette G'schicht*
> *– Das gehört sich nicht: –*
> *Verwickelt sich ein Graf*
> *Mit einem Paragraph*

HOMOSEXUALITAET!
Dazu Perversität!
... In Frankreich steckens' d'Köpf zusamm
Und sagen: In Deutschland wird's jetzt warm!

In der zweiten Strophe berichtet Valentin von seiner Musterung, an deren Ende der Stabsarzt ausruft:

Fatal! Der Kerl ist ganz normal!
Doch machen S' jetzt mal kehrt!
Dann hat er abgewehrt.
Er sagt: Mein lieber Mann!
Zieh'n Sie sich wieder an;
Sie sind fast ganz normal – Doch nicht überall!

Als Valentin in dem Couplet einen »Spezl« befragt, warum es nicht normal sei, ganz normal zu sein, meint dieser: »Sei froh – und zahl a Mass! Dös haut!/ DU BIST HALT Z'ENG GEBAUT!« So frotzelte Valentin über die damals beim Militär anzutreffende Homosexualität, und er endete in der vierten Strophe mit den Worten:

Wenn die Perversität
So immer weiter geht,
Genehmigt wird vom Staat,
Dann wird die Sach probat!
– Zwei Herren geh'n per Arm,
In sich ganz liebeswarm,
Sie küssen beide sich
Ganz inniglich.

Mit dem Hinweis, daß solche Paare keine Kinder bekommen und sich leicht ein Zimmer mieten können, schließt das Couplet:

> *In AFTERmiete – nur für Herr'n,*
> *Vermiet ich dieses Zimmer gern!*
> *Bedienung, – 's ist mir einerlei –*
> *Die ist dann auch dabei!*

Diese Thematik griff Valentin zwei Jahre vor seinem Tod 1946 in dem Couplet »Da stimmt was nicht« noch einmal auf:

> *Zwei Freunde haben sich sehr gern*
> *Zufällig kenne ich die beiden Herrn*
> *Auffällig ist bei diesen zwei*
> *Dass nie ein Mädchen ist dabei.*
> *Ref.: Da stimmt was nicht, da stimmt was nicht*
> *Da ist was nicht in Ordnung.*

Valentin hat sich also zeit seines Lebens der damals herrschenden Einstellung angeschlossen, nach der Homosexualität als sexuelle Perversion anzusehen war. Über sie meinte er sich demzufolge auch lustig machen zu dürfen. An einer differenzierteren Beurteilung dieses Phänomens scheint ihm nichts gelegen zu sein.

In anderen Stellen in Valentins Werk, vor allem in den Arbeiten der späteren Jahre, fallen sexuelle Zweideutigkeiten auf. In dem Film »Im Fotoatelier« haut Valentin beispielsweise als Fotograf der zu lang geratenen Braut – einem Mann in Frauenkleidern – derb vor die Brust. Wie soll er schließlich ein Brustbild von einer Frau machen, die gar keine Brust hat? In Valentins »Wissen Sie schon«-Aufzeichnungen finden sich folgende Sätze: »Wissen Sie schon, dass das Lied: ›die Vögeln im Walde‹ nicht mehr gesungen werden darf?« und »... dass man bei einem Leistenbruch ein Bruchband trägt, welch letzteres bei einem ›Ehebruch‹ zwecklos wäre?« In dem Drama »Ritter Unkenstein« meint der Knappe Heinrich auf eine Nachricht hin: »Ja und ... in der Stadt drin hams des Kind gebor'n. Und wer is' nacha der Bohrer ... ah ... der Vata wollt ich sag'n?« Etliche Zweideutigkeiten enthält der Dialog »Die Handtasche«. Er ist zweigeteilt. Im ersten Teil wird auf das weibliche Genitale angespielt, wenn von der »Tasche« die Rede ist:

Verkäuferin: Einen Moment. – Das wären sehr schöne Taschen!

Valentin: Etwas Schöneres! – Haben Sie keine schönere?

Verkäuferin: Doch, ich habe eine schöne, wollen Sie sie sehen?

Valentin: Aber mein Fräulein, welcher Herr würde ein solches Angebot ablehnen!

Verkäuferin: Bitte hier! Sehen Sie, die schließt sehr schön.

Valentin: So eine hat meine Frau auch. Die von meiner Frau schließt natürlich nicht mehr so gut. Durch den vielen Gebrauch nützt sich so etwas ja ab.

Verkäuferin: Ich hab auch eine mit Pelzbesatz.

Valentin: Meine Frau auch.

Verkäuferin: Wollen Sie bitte einmal daran riechen – echtes Juchtenleder.

Valentin: Die von meiner Frau riecht ja auch – aber auf Gerüche leg ich wenig Wert. Die Hauptsache ist was zum Strapazieren!

Verkäuferin: Hätten Sie lieber etwas in Schwarz?

Valentin: Danke – meine Frau hat ja eine schwarze.

Im zweiten Teil des Dialogs »Die Handtasche« ist von einem Regenschirm und von einem Hut die Rede, womit das männliche Genitale gemeint ist.

Valentin: Haben Sie Regenschirme? Aber nicht zu teuer, denn ich lasse ihn ja doch wieder irgendwo stehen.

Verkäuferin: Aber mein Herr, Sie sind doch nicht der alte zerstreute Professor, der überall seinen Schirm stehenläßt.

Valentin: Die Jungen lassen ihn öfter stehen als die Alten.

...

Valentin: Was haben Sie denn für eine Auswahl in Herrenhüten? ...

Verkäuferin: Soll es so eine Form sein, wie Sie schon haben?

Valentin: Nein – nicht so ein schlapper – ich möchte einmal einen steifen ...

Verkäuferin: Der steht Ihnen sehr gut – besser wie ein weicher!

193

Valentin: Meiner Frau gefällt auch ein steifer besser ... Allerdings nach längerer Benutzung verliert er ja seine Steifheit und wird von selber weich ...

Sexuelle und sexistische Anspielungen lassen sich ebenfalls in Valentins Panoptikum finden, jenem Museum mit Kuriositäten, das er in München eingerichtet hatte. Der Voyeurismus beim »Blick ins Damenbad (Nur für erwachsene Kinder)« wurde allerdings nicht befriedigt. Blickte man nämlich durch das Astloch in einer Bretterwand, sah man nur eine zweite Bretterwand, vor deren Astloch sich eine Gruppe von männlichen Wachsfiguren drängte. Das »Eierstock« titulierte Exponat bestand aus einem Holzstock, an dem ein Netz hing. In ihm befanden sich zwei Eier. Das »Feigenblatt Evas (mit 17 und mit 54 Jahren)« zeigte neben einem winzigen Feigenblatt ein riesengroßes. Vor einer alten Kartonschachtel war das Schild plaziert »Eine alte Schachtel war auch mal jung«. Eine dürre weißverhängte Gestalt, die hinter Verliesgittern schwebte, war mit der Bemerkung bedacht: »Hier geht die Schwiegermutter um!« Und ein an die Wand gehängtes Korsett war als »Praktische Vorrichtung für Damen zur Hebung der Milchwirtschaft« deklariert. Zwei in der »Folterkammer« stehende Frauenfiguren mit entblößtem Oberkörper erregten bei den Behörden erheblichen Anstoß. Eine davon wurde zudem von einem Folterknecht mit einer glühenden Zange gezwickt. »Es wurde ... die Verdeckung der Brustteile der halbnackten Frauenfigur (neben dem Tisch) verlangt«, wie es in einem Vermerk der Polizei hieß.

In diesem Zusammenhang sei auch an den bereits erwähnten Aktbildband mit vollschlanken Damen erinnert respektive an Valentins Aktbilder-Sammlung, die bis heute als seine »pornographische Sammlung« bezeichnet wird. Valentin bekannte sich Anne-Marie Fischer gegenüber offen dazu. Nach seinem Tod waren diese Bilder jedoch plötzlich verschwunden.

In der Nähe der Münchner Frauenkirche existierte bereits in den dreißiger Jahren so etwas ähnliches wie eine Foto-Peepshow für Männer, »wo bis zum Beginn der Nazizeit nackte oder von reizvollen Dessous enthüllte Weiber in Guckkästen gezeigt wurden (man saß auf einem Stuhl, und die angeblich so aufregenden Bilder drehten sich um einen rundherum)«, so Anne-Marie Fischer. »›Ein Jammer, daß es für Frauen kein Äquivalent gibt‹, seufzte er [Valentin] einmal. Ich fragte: ›Wie meinst'n das?‹ ›Na, so a Panoptikum mit nackerten Männern!‹ Und als er mein erschrecktes Gesicht sah, fügte er schnell hinzu: ›Aber dich würde ich natürlich nicht hineingehen lassen!‹«

Am 8. August 1932 beschwerte sich Valentin bei seinem Nachbarn, dem Kunstmaler Otto Pippel, daß dieser auf dem Gartenzaun einen Stacheldraht angebracht habe. »Ich dachte momentan an alle meine vollendeten Verbrechen, wie Ehebruch, Untreue, Brandstiftungen, ausgeführt an Zigarren und Zigaretten, etc. aber dass ich jemals über fremde Gartenzäune gestiegen wäre, könnte ich mich nicht erinnern.«

In einigen Briefen des Komikers finden sich recht deutliche sexuelle Anspielungen. So mokierte er sich 1939 in einem Schreiben an den Intendanten des Gärtnertheaters,

Fritz Fischer, über den ihm zugewiesenen ungünstigen Sitzplatz bei einer der Vorstellungen. »Fast sah ich gar nichts, nur Männer und Frauen Popos, allerdings leider angezogen, die Rücken der Damen waren nur mit Haut überzogen. Ich beneidete die Orchestermusiker, die unter dem Orchestergitter sassen, die können, wenn sie wollen den tanzenden Damen wenigstens von unten ›hinauf‹ sehen.«

Bei der Schriftleitung der Münchner *Süddeutschen Sonntagspost* machte sich Valentin über das Minihonorar von fünf Reichsmark lustig, das er für einen Textbeitrag zum 21. Februar 1941 erhalten hatte. Der Brief endete: »Die mir angebotene ständige Mitarbeit bei Ihrer Zeitung kann ich leider nicht annehmen, da ich die halbe Nacht als Aufsichtsrat und Präservativ-Verleiher im Freudenhaus in der Senefelderstr. 5 beschäftigt bin.«

Dem Stuttgarter Theaterdirektor Emil Neidhardt gegenüber erwähnte Valentin diese Einrichtung gleichfalls. In dem Brief vom 28. Oktober 1942 witzelte er über eine Leihgebühr für seine »Uhrkomischen Lichtbilder«: »Ausserdem bin ich nicht auf Ihre 750 Mk. angewiesen, da ich Teilhaber im Münchner Mädchenpuff (Senefelderstrasse) bin, welches gutflorierende Etablissiment ihnen ja bei Ihren München-Besuchen hinlänglich bekannt sein dürfte.«

In einem weiteren Brief vom August 1941 an Fritz Fischer, in dem er diesem zu seiner Hochzeit gratulierte, kam das besagte Freudenhaus abermals zur Sprache: »Was hat man schon als Junggeselle? Nichts hat man als Arbeit und Vergnügen – und dieses Vergnügen muß man sich oft teuer erkaufen (ich meine damit nicht die Ausgaben in dem

Mädcheninstitut Senefelderstr. Nr. 5) – Nein! – Das haben Sie nicht nötig, obwohl Sie jetzt durch die reiche Heirat finanziell so gestärkt sind, daß Sie im oben genannten Haus vom Parterre bis zum 4. Stock wahre Triumpfe feiern könnten, – – wenn Sie wollten – aber Sie wollen ja nicht – obwohl Sie fast immer wollen. Aber ihre immerwährende Wollerei ist schon bald eine Völlerei. Wie mir von vertraulicher Seite mitgeteilt wurde, heißt nun Ihre vermählte Braut auch Fischer. Ist sie von Figura klein, können Sie ihr in der Hochzeitsnacht ungeniert das kleine, alte, nette Volksliedchen vorsingen – ›Fischerin, Du kleine, zeig mir Deine ...‹ usw.« Valentin äußerte sich in diesem Brief auch gleich zu möglichen Scheidungsgedanken: »Das Wort Ehescheidung ... ist ein übelklingendes Wort, denn Scheidung ist abgeleitet von Scheide. Es wäre zu begrüßen, wenn man anstatt Ehescheidung Eheschiedung sagen würde, denn Eheschiedung wird von Abschied abgeleitet.« Außerdem warnte Valentin Fritz Fischer vor zu vielen Kindern, da seine Frau sonst krank würde: »Eine kranke Frau müssen Sie schonen und in der ›Schonzeit‹ gehen sie wahrscheinlich nebennaus. Das ärgert dann die kranke Frau nur; sie wird dadurch noch kränker, dann müssen Sie die noch kränkere Frau noch mehr schonen, dann gehen Sie nochmehr nebennaus und so geht das immer weiter. Also sind Sie vernünftig.«

Die sexistischen, geschlechtsspezifischen, mitunter deutlich sexuellen Anspielungen in Valentins Werk und in seinen Briefen sind schon deshalb erwähnenswert, weil sie zeigen, daß von ihm die zur damaligen Zeit in der Gesellschaft eingebürgerte Rollenverteilung zwischen Mann und Frau in den wesentlichen Punkten nicht in Frage gestellt wurde. So akzeptierte er die allgemein als naturbedingt angenommene Vorherrschaft des Mannes. Die Ehe problematisierte er als eine stets konfliktbeladene Beziehung. Außereheliche Verhältnisse wurden von ihm nicht als unmoralisch ausgeschlossen, da auch sie in der patriarchalisch orientierten Gesellschaft durchaus geduldet waren. Zotenartige sexuelle Anspielungen unter Männern zählten in weiten Kreisen gleichfalls zum männlichen Verhaltensrepertoire. Ebenso stellte der Besitz von Aktfotografien oder von Abbildungen pornographischen Inhalts durchaus nichts Ehrenrühriges dar, vorausgesetzt, es wurde diskret damit umgegangen. Homosexualität hingegen wurde dem Zeitgeist entsprechend nicht als eine mögliche Form geschlechtlicher Beziehung akzeptiert, infolgedessen auch nicht von Karl Valentin. Derartige partnerschaftliche Beziehungen scheint er wie alle Bürger seiner Zeit für sexuelle Verirrung und Abartigkeit gehalten zu haben, denen man mit Verachtung begegnen müsse.

Und dennoch blitzt in vielen dieser Texte gelegentlich Ironie auf, die die vorgetragenen Standpunkte in Frage zu stellen scheint, so als habe Valentin sich selbst und damit dem Bürgertum seiner Zeit einen Spiegel vorhalten wollen, um auf diese Weise festgefahrenes Rollenverhalten zu hinterfragen und letztlich aufzuweichen.

Brennessel unter Liebesblumen

Resümee

»Ich bin ein Mensch, der allen Liebesklamauk, wie Eifersucht, bocken, Liebesschwüren u.s.w. ... nicht verträgt, weder bei der Frau, noch bei einer Freundin. Ich bin als Vorstadtpflanze aufgewachsen und als Gentleman den Frauen gegenüber in hinterster Reihe gestanden. Ich habe auch nie Bildung mit dem Löffel gegessen, nur mit der Messerspitze. Ich bin kein direkter Rüpel, aber die Brennnessel unter den Liebesblumen. ... Und mutlos, wie eine Memme bin ich oft dem Blick oder einem Wort einer schönen Frau feige von dannen geflüchtet.« So schilderte Valentin in einer Notiz von 1943, die in seinem Nachlaß gefunden wurde, sein Verhältnis zu Frauen.

In seiner Kindheit wurde Karl Valentin ein schweres Trauma zugefügt, mit dessen Verarbeitung er ein Leben lang nicht zurechtkommen sollte. Zwar hatte er seine drei Geschwister nicht mehr gekannt – sie waren alle frühzeitig gestorben –, aber die Ausläufer der Erschütterungen, die ihr Tod bei den Eltern, vor allem bei der Mutter ausgelöst hatte, trafen ihn, wenn auch unbewußt, im Kern seiner Existenz. Beim unmittelbar aufeinanderfolgenden Tod der beiden Brüder war er zwischen drei und vier Monate alt. In dieser Zeit entstand eine übermäßig enge Bindung an die Mutter, die dieses innige Verhältnis durch eine gewähren lassende Erziehung und Verwöhnung zunehmend verstärkte. Die Grundlagen für Valentins spätere ausgeprägte Lebensangst und für seinen tiefen Pessimismus wurden in dieser Lebensphase gelegt.

Obwohl der Vater eine etwas rauhere Art besaß, ließ auch er, immer wieder besänftigt durch die Mutter, keine besondere Strenge walten. In krassem Gegensatz dazu stand um die Jahrhundertwende die öffentliche Einstellung zum Umgang mit Kindern, nach der diese mit Härte zur Entsagung erzogen werden sollten. Nur so gerüstet, hätten sie auch eine Chance, das Leben zu bestehen. Drastische körperliche Strafen bei kleinsten Verfehlungen waren keine Seltenheit. Die autoritäre Erziehung, im Kindergarten begonnen, wurde vor allem in der Schulzeit verstärkt fortgeführt. Schon in ihrer Bauweise erinnerten die Schulen an riesige Lern- und Drillkasernen.

Valentin fühlte sich durch die unterschiedliche Behandlung in Elternhaus und Schule gleichsam täglich in ein Wechselbad gestoßen, wobei es ihm nicht leichtgefallen sein dürfte, sich auf die unterschiedlichen Erziehungsstile einzustellen. Somit stand er von klein auf in dem Spannungsverhältnis zwischen der rauhen außerhäuslichen Wirklichkeit beim Umgang mit streng erzogenen Gleichaltrigen und den oft gefühllosen Rohrstockpädagogen auf der einen Seite und der häuslichen Geborgenheit und überbehütenden Atmosphäre der Familie auf der anderen.

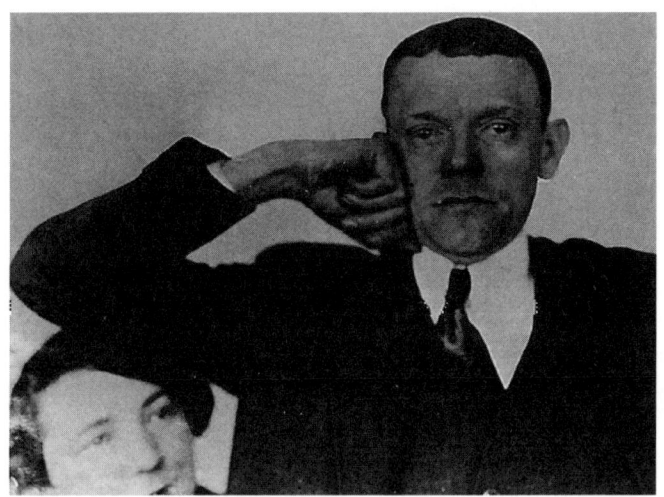

Karl Valentin und Liesl Karlstadt

1957 führte der amerikanische Kinderpsychiater Levy anläßlich einer aufschlußreichen Untersuchung den Begriff
der mütterlichen Überbehütung (*maternal overprotection*)
ein. Die Untersuchung zeigte, daß Kinder, die in solcher
Umgebung aufwuchsen, im Schulleben Schwierigkeiten
hatten und im Sozialkontakt gerne Einzelgänger waren.
Diese Entwicklung bestätigte sich auch in Valentins Schullaufbahn und in seinem weiteren Leben. Die Repressalien, denen er in der Schule ausgesetzt war, ließen ihn jedoch gleichzeitig die Flucht nach vorne antreten. So wurde er außerhalb der Schule sogar gelegentlich zum Rädelsführer und trieb in dieser Funktion mit seinen Kame

raden oft recht bedenkliche Scherze. Im Spiel imitierten sie etwa Sanitäter, wobei sie die benötigten Verletzten auf Geheiß Valentins selbst erzeugten, indem sie die nicht selten schwächeren Mitspieler über eine mit Glassplittern bestreute Wiese jagten. Man tätowierte sich gegenseitig mit Nähnadeln und wischte sich das Blut mit »dunkelweißen Taschentüchern« ab. Türklinken wurden unter Strom gesetzt, gefährliche Bombenexperimente gewagt, und sogar Brandstiftung wurde in Erwägung gezogen. Zimperlichkeiten duldete Valentin bei diesen Vergnügungen nicht, hatte er doch von seinen Lehrern und Freunden gelernt, Härte als Lebensprinzip anzunehmen.

Noch als Erwachsener scheute er sich nicht, die Lehre »Was einen nicht umbringt, macht einen nur stärker« in übersteigerter, oft grotesker Form zu demonstrieren. So stach er auf der Bühne einer Säuglingspuppe mit dem Säbel in den Bauch, und als das Kind zu schreien anfing, meinte Valentin: »Der ist aber wehleidig.« Ein anderes Bühnenbaby stempelte er mit dem Tintenlöscher trokken. Und schließlich schnitt er in dem Stück »Ritter Unkenstein«, wohl in Anlehnung an das salomonische Urteil, in der Rolle des Recken Heinrich ein Kleinkind mit dem Schwert mitten entzwei, damit Kunigunde und der Ritter Lenz, die sich um den Besitz des Kindes stritten, je ihren Anteil an dem Baby mit nach Hause nehmen konnten.

Immer wieder wurde Valentin deshalb als Kinderhasser bezeichnet und verallgemeinernd als Frauen- und Menschenverächter abgestempelt. Bei derartigen undifferenzierten Urteilen bleibt jedoch häufig die Tatsache unberücksichtigt, daß Valentin in seiner Kindheit eine ambivalente Erziehung genossen hat, die eine Spaltung seines Wesens mit all den sich daraus ergebenden problematischen Folgen bewirkte.

Es darf nicht außer acht gelassen werden, daß im Akt des liebenden Einswerdens mit der Person der Mutter die Ambivalenz, das Trennende, die gegensätzlichen Impulse nicht einfach ausgeschlossen waren. Da die Identifikation mit der Mutter unter ausgeprägtem Angstdruck entstanden war, schwelten unter dieser Decke erhebliche aggressive Tendenzen, wie sie Valentin in seinen Jugendstreichen detailliert beschreibt und wie sie später unter anderem auch in der beobachtbaren Haßliebe gegenüber Frauen zum Ausdruck kamen. Da sich Valentin im Grunde nie von seiner Mutter zu lösen vermochte, verursachte dieses Unvermögen in ihm unbewußte Aggressionen gegen sie, die sich letztlich allerdings vorrangig gegenüber anderen Frauen entluden. In sublimierter Form betraf dies insbesondere die irrealen Frauen in seinem Werk, aber immer wieder in aufblitzender Boshaftigkeit auch seine Lebens- und Bühnenpartnerinnen. »Valentin hat sehr viel Böses über die Liebe und Ehe gezeigt«, meinte der Filmkritiker Georg Seeßlen zu Recht, »aber er war nie böse auf die Frau.«

Als Abwehrmechanismus gegen die verpönte Triebregung der Ablehnung und die daraus resultierende Verlustangst mobilisierte Valentin den gegenteiligen Antrieb, der an Stelle des Hasses eine betonte Zärtlichkeit setzte. Dadurch vermochte er die unterschwelligen Aggressionen stets aufs neue erfolgreich zu überdecken. In besonderen

Situationen provozierten jedoch relativ belanglose Auslöser durchaus emotionsgeladene Ausbrüche. Diese wirkten von außen gesehen überraschend, irrational und inadäquat, vermochten aber wie ein geöffnetes Überdruckventil unerträglichen Druck zu mindern.

Auf der einen Seite schätzte Valentin Liesl Karlstadts liebevolle Überbehütung seiner Person als Fortsetzung der von der Mutter her gewohnten Fürsorge, auf der anderen Seite errang er für seine Psyche bedeutungsvolle Siege, wenn er sich zeitweise aus dieser selbst verursachten Umklammerung zu lösen vermochte, indem er sich beispielsweise einer anderen Partnerin, so etwa Anne-Marie Fischer, zuwandte. Als Bühnenpartnerin hatte sie aber auch die Mutterrolle einzunehmen und in dieser Funktion sein großes Bedürfnis nach Zärtlichkeit zufriedenzustellen. Gleichwohl bedeutete dieser Wechsel von einer Mutterfigur zur anderen für Valentin jeweils einen ungeheuren Kraftakt, der seine depressive Neurose erheblich vertiefte.

Valentins Neigung zu Schwermut und zu depressiver Verstimmung weist ebenso auf eine neurotische Störung hin wie gelegentliche manische Phasen mit plötzlichem Hochgefühl, hoher Selbsteinschätzung und der Neigung zu unrealistischen Ideen. Über diese Stimmungsschwankungen existiert eine Notiz von Liesl Karlstadt an ihren Kollegen Josef Rankl, in der es heißt: »Heute sagt er [Valentin], er ist so nervös, daß er in eine Nervenklinik muß. Soeben sagt mir Schindler, daß er heute nacht bis vier Uhr früh so lustig war wie noch nie.«

Der Komiker suchte in oft anklammernd-haftender Weise Nähe, Intimität und Geborgenheit bei wenigen Vertrauten, im privaten Bereich bei seiner Frau und seiner zweiten Tochter, im künstlerischen Feld bei seinen Bühnenpartnerinnen Karlstadt und Fischer. In emotionaler Hinsicht trennte er den privaten Bereich streng vom künstlerischen. So schirmte er Ehefrau und Tochter vom Bühnenleben ab und seine Bühnenpartnerinnen vom privaten Alltag. In der Familie fand er Geborgenheit in einem geregelten Alltagsleben, wobei ihm seine Frau als Hausfrau auch Hilfestellung bei den Vorbereitungen für seine Auftritte gab, wenn sie ihm etwa die benötigten Kostüme nähte. Auf der Bühne hingegen lebte er seine Egozentrizität und seine Aggressivität aus, die sich in teilweise sadistisch anmutenden Szenen unter anderem gegen Frauen und Kinder richtete. Im Bühnenumfeld wurden ihm seine Partnerinnen zusehends auch zum Ersatz der Mutter und der Ehepartnerin, sie wurden seine Geliebten. So entwickelte sich Valentins Liebesleben, wie der Filmkritiker Georg Seeßlen urteilte, zur »verfehlten Suche nach Supermutter und Kindfrau in einer Gestalt, die zu versöhnen ohnehin nicht waren«.

Dabei bedrückten ihn stets die Angst vor dem Alleingelassenwerden sowie eine allgemeine Schuldgefühlsstimmung, die er durch Aggressionsausbrüche zu kompensieren suchte. Durch masochistisch-sadistische Erpressung, durch Leiden in Opferhaltung versuchte er seine Partnerinnen so verpflichtend an sich zu ketten, wie er sich als Kind an seine Mutter geklammert und diese damit an sich gebunden hatte. Im Grunde war Valentin voll Ressentiment und Resignation, hatte aber auch häufig Rachetendenzen abzuwehren, von denen er erfüllt war. Die normale »Trauerarbeit« beim Elternverlust, wie Sigmund Freud sie nennt, gelang ihm insbesondere beim Verlust der Mutter nur unzureichend. Er war daher nicht fähig, seine Libido allmählich von dem verlorenen Objekt abzuziehen und sie auf neue Objekte zu richten. Er blieb in der Tantalus-Situation gefangen, das heißt, wie Tantalus in der Unterwelt im Wasser unter einem Obstbaum zu stehen hatte, ohne jemals trinken und essen zu dürfen, so war auch Valentin eine aktive Befriedigung seiner libidinösen Bedürfnisse letztlich versagt. Er blieb auf die Zufuhr passiver Befriedigungen durch ein Idealobjekt fixiert, worin zugleich seine unbewußten narzißtischen Größenphantasien begründet waren, die ihn zusätzlich verletzbar machten, vor allem, als sie gegen Ende seines Lebens nicht mehr erfüllt wurden.

In diesem Zusammenhang ist auf eine ganz besondere Geliebte in Valentins Leben – vermutlich bedeutete sie ihm sogar am meisten – hinzuweisen: auf sein Publikum. Ihm wollte er primär gefallen. In seiner Mitte fühlte er sich sicher wie im Schoß der Mutter. Die Zuwendung der aufmerksamen Zuschauer gewährte ihm gleichsam familiäre Geborgenheit. Im Gegenzug dazu stellte das Publikum auch den Zugang zur harten Realität des Lebens dar. Es vereinigte sozusagen die in der Kindheit erlebte mütterliche Überbehütung mit der rauhen Wirklichkeit außerhalb des Elternhauses. Der Beifall signalisierte ihm die Zustimmung beider Welten und versöhnte sie, zumindest für jeweils einige Stunden. Besondere Eifersucht zeigte Valentin demzufolge dann, wenn einem anderen Bühnenpartner mehr Publikumsgunst zuteil wurde als ihm. Diese Geliebte mochte er mit niemandem teilen. Als beispielsweise bei dem Sketch »Photoatelier« einmal der Komiker Beppo Brem einspringen durfte und einige Lacher für sich verbuchen konnte, reagierte Valentin sofort gereizt: »Sie, zum Witzemachen bin ich engagiert.« Als Valentin gegen Ende seines Lebens erfahren mußte, daß sich das Publikum von ihm abwandte, brach für ihn eine Welt zusammen. Besonders deutlich wird dies etwa an folgendem Vorfall. Als der Bayerische Rundfunk nach dem Krieg keine Platten Valentins mehr spielen wollte, war der Komiker am Boden zerstört. »Wie er aus dem Funkhaus herausgekommen is«, erzählte Liesl Karlstadt später, »war er ganz eingefallen vor Aufregung und Enttäuschung. Wie ich ihn gfragt hab, was denn passiert is, hat er mir erzählt, daß seine Sachen abgelehnt worden sind. Das wär ein Schmarrn, und da wär kein Humor drin! ›Ich, der Valentin, hab keinen Humor!‹ hat er gsagt – und dabei hat er gweint wie ein kleines Kind.« In Wahrheit starb Valentin nicht an einer Erkältung, sie war nur der organische Auslöser für sein Ende. Er ging vielmehr an gebrochenem Herzen zugrunde. »Karl Valentin verschied an Herzschwäche«, meinte auch der Schriftsteller Ernst Hoferichter, »oder billig gesagt: an gebrochenem Herzen. Die Krankheit ist nur ein Vorwand des Schicksals.« Er, der lebenslänglich um die Liebe des Publikums gebuhlt hatte, wurde von ihm letztlich grausam enttäuscht. Das Publikum entzog ihm mit seiner Gunst gleichsam schlagartig zwei wesentliche Lebenselemente: die verwöhnende Liebe des Elternhauses und die öffentliche Zustimmung. Valentin fühlte sich dadurch verkannt, abgelehnt und enttäuschend und in seiner sich ständig steigernden Verbitterung darüber letztlich als lebensunwert. Noch auf dem Totenbett war auf seinem Antlitz diese grundlegende Enttäuschung seines Lebens zu lesen, »ein Bild des Leidens«, wie Wilhelm Hausenstein beobachtete, ein »entschleierter Spiegel ungezählter Schmerzen aus der Verborgenheit. Keine Spur von Entspannung, Lösung, Erleichterung. Die schmerzliche Strenge ... hatte den Toten in den Sarg begleitet und herrschte nun allein – stumm, endgültig, offenbar ... die Menschen ... staunten über diese letzte Maske – die keine mehr war.«

Valentin war zeit seines Lebens kein Don Juan, er war ein ängstlicher, liebessüchtiger Mensch. »I hab Angst vor der Angst! Und die kommt wia a schwarze Wolkn auf mi zua!« äußerte er nach Aussage seiner Tochter Berta. Wer ihm eine zuverlässige, möglichst sogar unterwürfige Liebe geben konnte, der milderte diese Angst, den suchte er sofort an sich zu binden, nach der Mutter seine Ehefrau und seine Bühnenpartnerinnen, auch gelegentliche Freundinnen in anderen Städten – jedenfalls als zeitweiligen Mutterersatz –, die ihm die Trennung von der Geborgenheit der Heimat erleichtern und seine künstlerische Präsenz garantieren sollten. Und dort, auswärts, waren es gerade auch vollschlanke Frauen, mütterliche Typen, Symbole für Leben und Kraft. Nicht zuletzt wollte er aus diesem Grund seine Tochter Berta stets in seiner Nähe sehen. Ihr Weggang aus München verunsicherte Valentin zutiefst. Berta fügte sich dem väterlichen Willen, und ihre Heimkehr brachte seinen psychischen Zustand wieder ins Gleichgewicht.

Läßt sich nicht sogar die auffallende Zuneigung zu seinem Hund Bobsi in diesen Zusammenhang einordnen? Die sprichwörtliche Treue und der bedingungslose Gehorsam dieses Tieres faszinierten und rührten den Komiker zutiefst. Valentin trennte sich nach eigenem Bekunden nur ungern längere Zeit von diesem Tier, das ihm näherstand als so mancher Mensch. Als Bobsi starb, soll Valentin heftig geweint haben.

»In seiner Brieftasche«, notierte Tochter Bertl, »trug Papa ständig zwei Heiligenbilder mit sich herum. Eines war die Schwarze Madonna von Altötting; dabei war er evangelisch. Das andere zeigte einen Schutzengel mit riesigen Flügeln, wie er zwei Kinder schützend über einen Steg führt.« Selbst zu überirdischen weiblichen Gestalten scheint Valentin also Zuflucht genommen und sich von ihnen Schutz und Erlösung von seinen tief wurzelnden Ängsten und Depressionen erhofft zu haben. Sie schienen ihm wohl jene widerspruchslose Verläßlichkeit, Treue, Geborgenheit zu garantieren, die er bei den Lebenspartnerinnen immer wieder missen mußte, was seine Aggressionen provozierte und seine Haßliebe gegenüber Frauen nährte. Es genügte meist der kleinste Zweifel an der Existenz dieser von ihm extrem hoch bewerteten Charaktereigenschaften, der Valentins Psyche überreagieren ließ. Fast ist man geneigt, das »Kissi-Spiel« (vgl. S. 151), das Valentin mit seiner Enkelin Anneliese spielte, als Zeichen für sein grundsätzliches Verhältnis zum weiblichen Geschlecht zu deuten. Versuchte Valentin nicht auch seine Partnerinnen aus dem zwiespältigen Gefühl der Haßliebe heraus immer wieder förmlich zu erdrücken und zu ersticken, um ihnen, erst kurz bevor ihnen die Luft endgültig wegblieb, zu versichern, es sei doch alles nur Spaß gewesen? Anne-Marie Fischer berichtet von einem Bühnenerlebnis »während meiner Erdrosselungsszene im ›Unkenstein‹«. Da »zog Karl als Heinerich im Eifer des Spiels den Gummistrick so fest an, daß er mich um ein Haar tatsächlich erwürgt hätte ... Als er [in der Garderobe] die Striemen an meinem Hals entdeckte, erschrak er heftig, ... stammelte unverständliche Worte und bat um Verzeihung.«

Es gibt ein Foto von Lotte Jacobi, auf dem sich Valentin mit dem Ellbogen auf den Kopf seiner Partnerin Liesl Karlstadt stützt. Frauen waren ihm in der Tat eine stete Stütze, standen dadurch unter ihm, wobei er aber immer damit zu rechnen hatte, daß sie – wie auf dem Bild Liesl Karlstadt – unversehens wegtauchten. Wenn ein solcher Entzug Valentin zweifellos vehement verunsicherte, in die Knie wurde er davon nicht gezwungen, solange seine größte Geliebte treu zu ihm stand: das Publikum, für das allein er sich immer wieder zum Narren machte. »Ich will bloß, daß d'Leit lacha«, sagte er einmal.

Liesl Karlstadt äußerte dazu: »Die allerbesten Einfälle, die witzigsten Sachen sind dann erst während der Aufführung entstanden, wenn die Leute gelacht haben ... denn, wenn er guter Laune war und gutes Publikum da war, die ihn verstanden haben, dann ist ihm so viel Neues eingefallen ...« Eine Anekdote erwähnt Valentins Ausspruch: »Wenn die Leut wüßten, wie ernst es mir is, wenns' lacha, es wär ja zum weinen für mi, wenns' net lacha tatn über mi!«

In der Tat schätzte er sich und seinen Erfolg um so höher ein, je mehr die Leute lachten. Das Angelachtwerden als Sehnsucht schon des Kleinkindes, als Möglichkeit der ersten herzlichen Kontaktaufnahme im Leben, als inniges Zeichen des Geliebtwerdens stellte für Valentin das Grundbedürfnis auch seines späteren Lebens dar. Es wurde ihm zu früh genommen.

Zeittafel

27. Oktober: Valentins sechsjähriger Bruder Max stirbt an Diphtherie

24. November: Valentins achtjähriger Bruder Karl stirbt an Diphtherie

1883 Valentin erkrankt ebenfalls lebensbedrohlich an Diphtherie; überraschende Genesung

1886 bis 1888 Valentin besucht ab dem 4. Lebensjahr den Kindergarten an der Ohlmüllerstraße

1888 bis 1891 Valentin besucht die Volksschule an der Klenzestraße bis zur 3. Klasse

1892 12. Dezember: Geburt Elisabeth Wellanos (später bekannt als Liesl Karlstadt) in München-Schwabing, Zieblandstraße 11

1891 bis 1895 Valentin besucht die Volksschule in der Herrenstraße bis zur 7. Klasse

1895 bis 1896 Valentin besucht ein weiteres Jahr die Privatschule in der Münzstraße 4

1896 Valentin erlebt als 14jähriger den Humoristen Karl Maxstadt und beschließt, Volkssänger zu werden

1897 4. März: Beginn der Lehre bei dem Schreinermeister Johann Hallhuber in Haidhausen

Erste Auftrittsversuche des 15jährigen Valentin als Vereinshumorist

1898 Erste Beziehung des 16jährigen Valentins zu einem gleichaltrigen Mädchen

1899 Abschluß der Schreinerlehre mit der Gesellenprüfung

Gisela Royes, Valentins spätere Ehefrau, kommt als Köchin in die Familie Fey und beeindruckt den jungen Valentin sehr.

5. August: Liebesgedicht (Abschiedsgedicht?) an Gisela Royes, dabei Festlegung des Künstlernamens: Karl Valentin, Münchner Originalhumorist

1902 Erster Auftritt Valentins als Volkssänger bei Papa Benz

7. Oktober: Tod des Vaters; Valentin übernimmt zusammen mit seiner Mutter die Speditionsfirma »Falk & Fey«.

1905 19. Oktober: Geburt von Valentins erster unehelicher Tochter Gisela in Aufhausen (Oberpfalz). Das Kind wächst bei den Eltern der Mutter, Gisela Royes, in Aufhausen auf.

1906 Herbst: Verkauf der Firma »Falk & Fey«; nach der Bezahlung aller Schulden bleiben 6000 Mark übrig. Auflösung des Haushalts; die Mutter zieht mit Valentin nach Zittau in Sachsen.

Intensive Weiterarbeit Valentins als Humorist

1907 Valentins erste Tournee bis nach Berlin wird ein Mißerfolg.

1910 21. September: Geburt von Valentins zweiter unehelicher Tochter Berta in München; die Mutter ist wieder Gisela Royes

1911 Elisabeth Wellano – späterer Künstlername: Liesl Karlstadt – erhält im »Frankfurter Hof« ein Engagement als Soubrette. Dort lernt sie Valentin kennen, der sie zur Zusammenarbeit überredet. Sie planen gemeinsame Auftritte.

31. Juli: Heirat Valentins mit Gisela Royes

1912 bis 1913 Valentin richtet ein Filmstudio in München ein und dreht seinen ersten Film, »Karl Valentins Hochzeit«, in dem auch Liesl Karlstadt mitwirkt.

1913 Erster Bühnenauftritt des Duos Valentin-Karlstadt; Liesl Karlstadt ist 21 Jahre alt.
Beginn der 26jährigen Bühnenpartnerschaft bis 1939

1917 22. Dezember: Geburt Anne-Marie Fischers, der späteren zweiten Partnerin Valentins

1923 24. Januar: Tod von Valentins 78jähriger Mutter
Gastspiele Valentins und Liesl Karlstadts in Wien, Zürich und Berlin

1924 September: Gastspiel in Berlin

1927 Liesl Karlstadt verlobt sich mit dem 42jährigen Chauffeur Josef Kolb. Valentin ist gegen diese Verbindung.

1928 Januar bis Februar: Gastspiel in Berlin im »Kabarett der Komiker«, wo auch die künftigen Berliner Auftritte stattfinden

1929 November bis Dezember: Gastspiel in Berlin

1930 Liesl Karlstadt nimmt Schauspielunterricht und plant Soloauftritte.
Januar: Gastspiel in Berlin
März bis Mai: Der Fall Flora Tag – Karl Valentin beschäftigt die Münchner Polizei. Die 13jährige Anne-Marie Fischer sieht erstmals den 48jährigen Valentin in einer Aufführung.

1931 Valentin lernt die 14jährige Anne-Marie Fischer kennen. Beginn eines Verhältnisses mit ihr
September: Eva Friedrich wird Valentins ständige Sekretärin

1932 4. Juni: Zu seinem 50. Geburtstag erhält Valentin eine poetische Treueerklärung von Liesl Karlstadt

1933 Kontakte Valentins zur Sängerin Lotte Lang

1934 Liesl Karlstadts Bräutigam Josef Kolb will seine Verlobte verlassen.

21. Oktober: Valentin eröffnet sein Panoptikum, in das Liesl Karlstadt einen Großteil ihres Vermögens investiert hat.

31. Dezember: Das Panoptikum muß wieder geschlossen werden. Auch Liesl Karlstadts finanzielle Investitionen sind verloren. Sie begibt sich wegen »Schwermut« in ärztliche Behandlung.

1935 6. April: Schwerer Nervenzusammenbruch Liesl Karlstadts und nachfolgender Suizidversuch. Aufenthalt in der Münchner Nervenklinik in der Nußbaumstraße bis Dezember

Dezember: Zweimonatiges Gastspiel Valentin-Karlstadt in Berlin. Erneuter Nervenzusammenbruch Liesl Karlstadts mit anschließendem Aufenthalt in der Nervenklinik

1936 Anfang des Jahres stirbt unerwartet Liesl Karlstadts Bräutigam Josef Kolb.

Januar: Gastspiel Valentins in Berlin. Vermutlich hat der Komiker in dieser Zeit Kontakt zu einer vollschlanken Berlinerin.

Februar bis August: Liesl Karlstadt wirkt in zehn Filmen mit

23. September: Valentin ahnt das Ende der Partnerschaft mit Liesl Karlstadt voraus.

Liesl Karlstadt unternimmt einen Erholungsurlaub in Berlin von Oktober bis

1937 Januar.

Auftritte Valentin-Karlstadt im Kabarett »Benz«

2. Oktober: Valentin und Liesl Karlstadt erstmals im Bayerischen Rundfunk

1938 Liesl Karlstadt wird in Bad Tölz ärztlich betreut
Dezember: Letztes Gastspiel in Berlin

1939 Juni: Die 47jährige Liesl Karlstadt trennt sich nach 26jähriger Bühnenpartnerschaft von Valentin nach einem Gastspiel in Augsburg.

Neue Partnerin des 57jährigen Valentin wird die 21jährige Anne-Marie Fischer.

17. Juli: Valentin eröffnet die »Ritterspelunke« in München mit Anne-Marie Fischer als neuer Bühnenpartnerin. Die Einrichtung bleibt bis 1940 bestehen.

Geburt von Valentins Enkelin Anneliese (Kühn)

1940 August und November: Valentin und Liesl Karlstadt treten noch zweimal im Deutschen Theater auf.

Oktober: Anne-Marie Fischer hat eine kurze, folgenreiche Affäre mit dem Stabsarzt Dr. August Müller.

30. November: Schließung der »Ritterspelunke«. Anne-Marie Fischers Bühnenpartnerschaft mit Valentin endet. Sie bleibt Valentin bis zu dessen Tod freundschaftlich verbunden.

Liesl Karlstadt absolviert einzelne Auftritte in der »Bonbonniére«.

1941 30. Juli: Anne-Marie Fischer bringt ihre Tochter Andrea Maria zur Welt.

Valentin verpachtet die »Ritterspelunke« und zieht sich bis 1947 in sein Haus in Planegg zurück. Er tritt nicht mehr auf. Seinen Lebensunterhalt bestreitet er aus Ersparnissen und kleinen Schreinerarbeiten, daneben schleift er Scheren und Messer »nur gegen Zigaretten«.

Die Nachbarstochter Juliana Ueblacker arbeitet gelegentlich für Valentin als Schreibkraft.

Liesl Karlstadt beginnt infolge erneuter Magenkoliken einen zweijährigen Kuraufenthalt in Tirol.

1944 Heirat von Valentins Tochter Berta mit Eduard Böheim

1946 28. Februar: Anne-Marie Fischer heiratet den Handelsakademiker Erich Anton Grubinger.

Liesl Karlstadt tritt in der Komödie »Sturm im Wasserglas« auf.

1947 6. September: Erster gemeinsamer Auftritt des 66jährigen Valentin mit der 56jährigen Liesl Karlstadt nach dem Krieg. Insgesamt treten die beiden dreißig Tage auf.

24. Dezember: Briefkontakt Valentins zu einem »Fräulein St.«

1948 5. Februar: Letzter Brief Valentins an Anne-Marie Fischer und deren Schwester

9. Februar: Karl Valentin stirbt am Rosenmontag in Planegg an einer nicht auskurierten Erkältung.

1952 Anne-Marie Fischer wird von Erich Anton Grubinger geschieden.

1956 13. November: Valentins Frau Gisela stirbt in Planegg.

1960 27. Juli: Liesl Karlstadt stirbt in Garmisch-Partenkirchen.

1982 Anne-Marie Fischer veröffentlicht zum 100. Geburtstag Valentins ihre Erinnerungen.

1985 14. August: Valentins zweite Tochter Berta stirbt in Planegg.

1988 20. Juli: Anne-Marie Fischer stirbt an Leberzirrhose. Ihren Leichnam vermacht sie der Anatomie.

25. November: Valentins ehemalige Sekretärin Eva Friedrich stirbt in Planegg.

Literatur

Bach, R.: Liesl Karlstadt. In: Die Frau als Schauspielerin. Tübingen 1937

Bachmaier, H. (Hrsg.): Kurzer Rede langer Sinn. Texte von und über Karl Valentin. München/Zürich 1990

Bachmaier, H./ Faust, M. (Hrsg.): Karl Valentin. Sämtliche Werke in acht Bänden.

Band 1: Monologe und Soloszenen. (Bachmaier, H./Wöhrle, D. Hrsg.) München 1992

Band 2: Couplets. (Bachmaier, H./Henze, S. Hrsg.) München 1994

Band 3: Szenen. (Bachmaier, H./Henze, S. Hrsg.) München 1995

Band 4: Dialoge. (Faust, M./Hohenadl, A. Hrsg.) München 1996

Band 5: Stücke. (Faust, M./Henze, S. Hrsg.) München 1997

Band 6: Briefe. (Gönner, G. Hrsg.) München 1991

Band 7: Autobiographisches und Vermischtes. (Henze, S./ Heizmann, A./ Auer, M. Hrsg.) München 1996

Band 8: Filme und Filmprojekte. (Bachmaier, H./ Gronenborn, K. Hrsg.) München 1995

Biskupek, M.: Karl Valentin. Eine Bildbiographie. Leipzig 1993

Blum, F.: Kannt'n S'ma net oane mal'n, aber a ganz a Schwaare? In: *Münchner Abendzeitung* Jg. 32. Nr. 225 vom 27. September 1979

Böheim-Valentin, B.: Du bleibst da und zwar sofort! Mein Vater Karl Valentin. München 1971

Borneman, E.: Lexikon der Liebe und Sexualität. 2 Bde. München 1968

Dimpfl, M.: Immer veränderlich. Liesl Karlstadt (1892 bis 1960). München 1996

Engels, E.: Philosophie am Mistbeet. Ein Karl Valentin Buch. München 1969

Feuchtwanger, L.: Erfolg. Drei Jahre Geschichte einer Provinz. Berlin 1931

Fischer-Grubinger, A.: Mein Leben mit Karl Valentin. Rastatt 1982

Freilinger-Valentin, G.: Karl Valentins Pechmarie. Eine Tochter erinnert sich. Pfaffenhofen 1988

Gidal, N.T.: Begegnung mit Karl Valentin. München 1995

Glasmeier, M.C.: Karl Valentin. Der Komiker und die Künste. München/ Wien 1987

Grunauer-Brug, G.: Passiert is was. Valentinaden. München 1959

Handloser, M.: Wie Valentin in der Vaterrolle war. In: *Süddeutsche Zeitung* Nr. 176 vom 24./25. Juli 1971

Hausenstein, W.: Die Masken des Komikers Karl Valentin. München 1980

Hoferichter, E.: Das wahre Gesicht. Die Handschrift als Spiegel des Charakters. München 1966

Köhl, G.: Liesl Karlstadt. Unsterbliche Partnerin Karl Valentins. München 1980

Krauss, M./ Beck, F. (Hrsg.): Leben in München. Von der Jahrhundertwende bis 1933. München 1990

Münz, E. und E. (Hrsg.): Geschriebenes von und an Karl Valentin. Eine Materialsammlung 1903 bis 1948. München 1978

N.N.: Was sag'n jetzt Sie zum Karl Valentin? Meinungen und Erinnerungen. München 1982

Pemsel, K.: Karl Valentin im Umfeld der Münchner Volkssängerbühnen und Varietés. Dissertation. München 1981

Riegler, T.: Das Liesl Karlstadt Buch. München 1961

Ringseis, F./Blum, F.: In da Au, um d'Au und um d'Au rum. München 1979

Scheugl, H./Schmidt, E. jr.: Karl Valentin, der Dialektiker des Humors. In: *Film* Nr. 12, Velbert 1967 und *Film* Nr. 1, Velbert 1968

Schulte, M.: Karl Valentin mit Selbstzeugnissen und Bilddokumenten. Reinbek bei Hamburg 1968/1987

Schulte, M.: Karl Valentin. Eine Biographie. Hamburg 1982

Schulte, M./ Syr, P.: Karl Valentins Filme. München 1989

Schweiggert, A.: Karl Valentins Panoptikum. Wie es ächt gewesen ist. Gezeichnet von Alfons Schweiggert. München 1985

Schweiggert, A.: Ja, lachen Sie nur! Die schönsten Karl Valentin Anekdoten und Witze. Dachau 1996

Schwimmer, H.: Karl Valentin. Eine Analyse seines Werkes mit einem Curriculum und Modellen für den Deutschunterricht. München 1977

Seeßlen, G.: Karl Valentin. Eine Leidensgeschichte in zufällig ausgerechnet 7 Kapiteln. Frankfurt a. M. 1991

Seegers, A.: Komik bei Karl Valentin. Die sozialen Mißverhältnisse des Kleinbürgers. Köln 1983

Setzwein, B.: Meine heißgeliebte kleine Lisi. Vor 100 Jahren wurde Liesl Karlstadt geboren. In: Unser Bayern. Heimatbeilage der *Bayerischen Staatszeitung* Nr. 12, Dez. 1992

Stadler, G.: Das tragikomische Paar Liesl Karlstadt und Karl Valentin. Sendung des Bayerischen Rundfunks. München vom 21.02.1990

Till, W. (Hrsg.): Karl Valentin – Volkssänger? Dadaist? München 1982

Tulzer, F.: Karl Valentin und die Konstituenten seiner Komik. Stuttgart 1987

Valentin, K.: Der Knabe Karl. Jugendstreiche. Aus dem Nachlaß hg. von Gerhard Pallmann. Berlin 1951

Valentin, K.: Valentiniaden. Ein buntes Durcheinander von Karl Valentin. München 1941

Valentin, K.: Gesammelte Werke. München/Zürich 1981
Band 1 Monologe
Band 2 Couplets. Szenen und Stücke 1
Band 3 Szenen und Stücke 2
Band 4 Szenen und Stücke 3

Valentin, K.: Der Stammbaum der Familie Fey. Handschrift. München 1927

Waltz, E.: Der Frau Valentin fehlt halt der Valentin. In: *Münchner Merkur* Nr. 18 vom 21./22. Januar 1956

Wilhelm, K.: Erinnerungen an Karl Valentin. Autorenmanuskript, Sreßlach-Dingharting o.J.

Wöhrle, D.: Die komischen Zeiten des Herrn Valentin. Von der Rezeption zur Werkanalyse. Rheinfelden 1985

Wolter, K.K.: Karl Valentin privat. München/Köln 1958

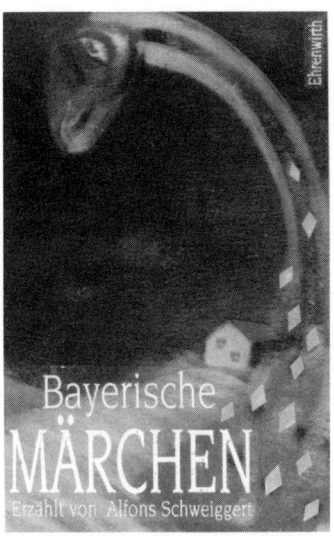

Bayerische Märchen
Erzählt von Alfons Schweiggert
352 Seiten mit Illustrationen, geb.
ISBN 3-431-03372-5

In diesem Buch hat der vor allem in Bayern weithin bekannte Literat
Alfons Schweiggert eine Sammlung bayerischer Märchen
zusammengestellt und nacherzählt. Die in diesem Band versammelten
Märchen sind Volksmärchen im besten Sinne: sie vermitteln etwas von
der Seele der traditionsbewußten bayerischen Kultur, die auch in
ihren Märchen eine regionale Differenziertheit aufweist. Dies hat der
Erzähler einfühlsam berücksichtigt, indem er seine Sammlung
bayerischer Märchen regional untergliedert hat: Altbayern, Franken
und Schwaben weisen eine Vielzahl jeweils eigener Volksmärchen auf,
die sich ingesamt zu der hinreißenden Sammlung bayerischer Märchen
verbinden, die Alfons Schweiggert mit diesem Buch vorgelegt hat.

Ehrenwirth Verlag München

Georg Lohmeier
Der Weg zum Herzen
Geschichten über die Liebe
240 Seiten, geb.
ISBN 3-431-03485-3

Georg Lohmeier, als Altmeister humorvoller Erzählkunst in ganz
Deutschland bekannt, erzählt in seinem neuen Buch etwa hundert
Geschichten, die sich um die Liebe ranken. Da sind die Geschichten
einstiger und jetziger Berühmtheiten, die die Liebe auf ihre jeweils
sehr eigene Weise erlebten, u. a. Friedrich Kaulbach, Franz von Stuck,
Cosima und Richard Wagner, Oskar von Miller, Karl Spitzweg und
Ludwig Ganghofer. Da sind aber auch die besonderen
Liebesgeschichten der zahllosen Unbekannten, die es wert sind,
erzählt zu werden, etwa die des alten Feldwebels, der sich noch einmal
vor den Traualtar traut, oder die der Pfarrerstochter, deren Heirat mit
einem Schäfer für reichlich Wirbel sorgt.
„Die schönsten Geschichten unter allen Geschichten sind nicht die
Gespenster- und die Kriegsgeschichten, sondern die
Liebesgeschichten", schreibt Georg Lohmeier. Nach der Lektüre
seines neuen Buches werden ihm die LeserInnen recht geben.

Ehrenwirth Verlag München